Ricardo Estevão

Bob Kurt

bonbini

Direção editorial
Aloma Carvalho

Assitente editorial
Jessica Spilla

Revisão
Maria Gabriela Alzueta

Projeto gráfico e diagramação
Suria Scapin

Arte capa e front
Marcos Garuti

bonbini
Fazendo livros, espalhando leitura!

Bon Bini Books é o selo internacional da Editora Bamboozinho.

São Paulo/SP - Brasil • Miami/FL - EUA

Conheça os nossos livros:
www.bonbinibooks.com

Acompanhe nossas novidades:
@bonbinibooks

Dados Internacionais de Catalogação na Publicação (CIP)

Estevão, Ricardo

Bob Kurt / Ricardo Estevão. - 1ª ed. - Bon Bini Books, 2021.
184 p. : 21 x 14 cm

ISBN 978-65-86389-90-6 CDD - 028.5

1. Literatura juvenil. I. Estevão, Ricardo. II. Título.

Indíces para catálogo Sistemático
1. Literatura juvenil brasileira. 2. Ficção juvenil brasileira.
3. Ensino Fundamental. 4. Ensino Médio.

Este livro foi comercializado pela Livraria Internacional Buobooks. Caso apresente algum defeito, entre em contato com: atendimento@buobooks.com.

PARA AQUELES QUE ACREDITAM
NA FORÇA DA MÚSICA

Apresentação

O que podemos dizer da adolescência? Ah, essa fase da vida em que vivemos um turbilhão de sentimentos... Tantos que nem encontramos adjetivos suficientes para nomear. Queremos ser aceitos, legais, decididos e, é claro, muito amados.

Bob Kurt, personagem que dá nome à história que você lerá agora, está justamente nesse período intenso da vida. Ele está no Ensino Médio, estuda em uma escola legal, com amigos e professores mais legais ainda e é perdidamente apaixonado por uma garota incrível. Bob é um garoto muito tranquilo e estudioso, muito calmo também. O problema é que, quando algo o irrita, de repente ele se torna Kurt e coisas estranhas acontecem... De onde vem essa dualidade na personalidade do protagonista? E esses nomes que parecem torná-la ainda mais marcante?

No colégio Moon River, escola em que Bob e seus amigos estudam, acontece um festival de música e todos os alunos participam de alguma forma, tocando, cantando e/ou prestigiando o evento que promete proporcionar grandes emoções. Você pode até nos perguntar se seria esse um livro musical, e a resposta que podemos dar é talvez, se no enredo não acontecesse algo que nos leva para os caminhos do romance policial... Acontece que, de uma hora para outra, Bob Kurt se torna o principal suspeito de um crime contra o amor de sua vida, Lisa Sky! O que temos agora, então, é um livro narrado em *flashback* e em primeira pessoa, pois acompanhamos o depoimento de Bob sobre o que aconteceu nos últimos dias, para descobrirmos o que aconteceu com Lisa, o que Bob fez (ou não fez?) e o desfecho dessa história intrigante!

"Bob Kurt" é um livro escrito especialmente para os jovens leitores e também é uma homenagem para os educadores, já que grande parte da narrativa se passa dentro de um ambiente escolar, em que os alunos, educadores e demais profissionais da educação interagem, convivem e se entendem como ninguém. E é assim mesmo que acontece, não é? Durante a adolescência, passamos grande parte do nosso dia na escola e a tendência é que estreitemos as relações com quem está perto da gente e nos entende. Essa é uma obra que fala de sentimentos, relações, descobertas e artes com uma linguagem acessível, próxima e jovem, que nos faz perceber diferentes realidades e que mostra que os assuntos pertinentes ao universo adolescente têm muita relevância e podem resultar em boas conversas entre você, o livro que tem nas mãos (por que não?!), seus amigos e seus professores. Temos certeza de que será um papo delicioso!

Desejamos uma boa leitura!
Abraços de toda a equipe Bon Bini!

★ Sumário ★

Quinta

Sexta

Sábado

Domingo

Sobre a obra

e assim começa

A HISTÓRIA.

PRÓLOGO

Golpe de mestre!

Eu olhei bem no fundo dos olhos do detetive – meu pai diz que olhar nos olhos transmite segurança, firmeza, convicção. Precisava convencer o Doutor Feels de que eu estava falando a verdade. Por isso, declarei calmamente:

— Eu não matei ninguém, Doutor. Estava na cabana, mas nunca passou pela minha cabeça a ideia de matar Lisa Sky. Eu não seria capaz de tirar a vida daquela que... daquela que era a razão da minha.

Mas o homem parecia impaciente.

— Não quero ouvir poesia, Sr. Kurt! Quero a verdade, somente a verdade, nada mais que a verdade.

— Ok. Eu marquei um encontro com Lisa Sky na cabana. Ou melhor, pedi ao Jack que marcasse esse encontro. Ele mentiu para Lisa, disse que precisava muito falar com ela. Precisou implorar porque Lisa nunca tinha ido à cabana de Jack Love – ela até gostava de zoar as "vítimas" do Jack. Dizia que jamais entregaria seu coração a alguém, muito menos ao "Don Juan da Montanha". Lisa era uma garota incrível! Mal posso acreditar que... esteja morta agora.

"Ela estava tão linda! Por que será que colocou aquele vestido branco? Talvez quisesse experimentar a sensação de amar, nem que fosse por uma noite só. Jack Love sabe como encantar uma garota."

"Pena que ela me tratou mal – aliás, como sempre. Reprovou nosso plano, ficou indignada, ameaçou ir embora. Eu, eu... Isso vai ficar entre nós, certo? Eu tinha até declamado uns versos, sugestão do Jack, Lisa ficou muda, depois vermelha e por fim acabou comigo: disse que eu era patético e caiu na gargalhada! A última vez que seus olhos pousaram sobre mim foi para me mostrar todo o seu desprezo. Eu não conseguia acreditar no que estava acontecendo."

"Ela falou que precisava tomar um ar e saiu para o jardim. Ao abrir a porta, o vento balançou seu vestido e seus cabelos... Que cena perfeita – tinha até luar! Eu fiquei um tempo ali no chão, Jack veio com um copo de água com açúcar... É, eu estava muito mal, mais por baixo que a flora marinha. Com ela não funcionava, com ela não funcionava!"

— O que não funcionava? – perguntou o Doutor Feels com um brilho nos olhos.

Ah, eu não sabia se era a hora de contar meu maior segredo. Precisava ganhar tempo, então perguntei:

— O senhor tem um cigarro?

O detetive fez uma cara de espanto.

— Claro que não, Sr. Kurt!

— Brincadeira, eu nem fumo! É que eu sempre escrevo isso nas minhas redações, antes de o personagem fazer uma grande revelação, sabe?

Ele balançou a cabeça com a ironia de quem diz "ooh, que coisa incrível!", e repetiu a pergunta:

— O que não funcionava, Sr. Kurt?

Respirei fundo e me esqueci de olhar nos olhos dele ao dizer:

— Eu tenho poderes, Doutor Feels, poderes que o senhor nem imagina. Também sei como conquistar uma garota: é isso. Mas não consegui conquistar Lisa Sky – e acabei no chão. Jack disse que eu não podia desistir. Parecia tão comovido com minha dor, que suas mãos tremiam quando me ofereceu a água com açúcar. Eu recusei, claro, prefiro cerveja – bebida que meu pai nunca me deixa beber.

"Quantos poderes...", deve ter pensado o detetive, pois notei que sua boca quase se abriu num sorriso.

— Entendi que até podia viver sem cerveja, mas

sem Lisa, não. Corri para o jardim – ela não estava lá. Pensei: "será que ela desceu a montanha?" E ao me aproximar do penhasco, obtive a confirmação: ela tinha descido, sim, mas rápido demais. Vi seu corpo caído lá embaixo, nas pedras. No vestido branco, havia uma mancha vermelha que ia aumentando aos poucos. Enfim, ela pode ter caído, detetive.

— Houve luta na beira do penhasco. A vegetação estava toda amassada e alguns tufos de grama foram arrancados. Bem, o senhor não teve vontade de descer para verificar se ela ainda estava viva?

— Tive, tive. Mas Jack não deixou. Ele ainda tinha o copo d'água na mão, bebi de um gole só, acho que perdi os sentidos, acordei no hospital hoje cedo.

— É tudo o que tem a me dizer, Sr. Bob Kurt?

Hesitei por um instante, olhei para o nada, mas então respirei fundo e voltei a encarar o detetive.

— Quero dizer só mais uma coisa, e quero que o senhor registre aí em letras bem grandes: EU NÃO MATEI LISA SKY.

Doutor Feels sorriu, meteu a mão no bolso de sua jaqueta e me estendeu um chocolate:

— Um Sonho de Valsa pela verdade inteira, Sr. Kurt!

Ah, não. Que golpe baixo, Doutor! Eu sempre fui louco por Sonho de Valsa!

SÁBADO

CAPÍTULO 1

Aquela que meus olhos estavam procurando

Don't be afraid of your freedom, freedom!

Tudo começou uma semana antes, Doutor, numa manhã de sábado.

O colégio Moon River estava pegando fogo! Não, não havia incêndio: é que estava acontecendo a primeira edição do festival *Rock é Atitude!*, um mega-evento que mistura música com ação social. Divididos em várias equipes, todos os alunos tiveram dez dias para arrecadar alimentos, roupas e brinquedos para instituições beneficentes da cidade – e também para preparar apresentações musicais, concorrendo ao prêmio cobiçadíssimo de uma viagem para um superacampamento de férias no final do ano!

I'm free to do what I want any old time...

Às oito da manhã, já estava no palco a primeira banda: *Blackmind*, dos meninos da minha sala. Todas as turmas eram loucas por música, por isso, não importava que o conjunto fosse liderado pelo cara mais insuportável do colégio: Mark von Hell. Ele tinha pouquíssimos fãs porque era... Bom, você terá o "prazer" de conhecê-lo em breve.

I said I'm free to do what
I want any old time...

Para você ter uma ideia, Mark e sua banda começaram a tocar ANTES da abertura do festival. O diretor Frank River ficou boquiaberto – tinha preparado um discurso de três páginas! A galera a princípio estranhou, mas foi ao delírio logo depois, afinal, era um dia de festa – e, além do mais, rebeldia sempre foi sinônimo de rock.

— Deixa pra lá, Frank – escutei o professor Will Heart, principal idealizador do evento, tentando acalmar o diretor. – Todo mundo aqui sabe que o Mark é terrível, depois conversamos com ele e...

I said love me, hold me, love me, hold me,
'cause I'm free!

— E ele vai se arrepender de ter nascido! – vociferou o velho Frank, amassando com as duas mãos as folhas de seu discurso.

É claro que era brincadeira: Frank sorriu, deu um soco no estômago do professor (que quase caiu no gramado) e começou a pular com a gente.

A banda *Blackmind* tinha o encrenqueiro Mark von Hell nos vocais e na guitarra; o calado e inexpressivo Matteo More era o baixista; na bateria, Mike Fish, o Verdadeiro, o cara mais sincero do planeta e que também cantava (para falar a verdade, até que sua voz não era assim um desastre). Ele e Matteo eram "discípulos" de Mark, os dois completamente dominados pelo aluno mais malvado do *Moon River*. Ah, tinha ainda Tom Fedder (o nome sempre diz muito sobre a gente), que "controlava" a emissão de fumaça de gelo seco.

— O Mark é um idiota, mas manda bem na guitarra, hein!? – comentou Eddie Good, meu melhor amigo.

— A banda dele tem grandes chances de levar o troféu. Você e a Amy vão ter que caprichar, Bob.

— Eu nem estou preocupado com isso – disse, com toda a sinceridade do mundo. – Estou feliz porque a arrecadação de alimentos foi monumental, imagina quanta gente vai ficar feliz!

No entanto, havia, sim, algo me preocupando: olhava para todos os lados, tentando encontrar alguém, e nada. A escola estava lotada naquela manhã, mas a única pessoa que realmente importava para mim ainda não tinha aparecido.

Assim que a banda de Mark encerrou sua apresentação, sob gritos e assovios da plateia (especialmente de umas meninas histéricas do oitavo ano), o diretor subiu ao palco, agarrou o microfone e resumiu seu discurso de três páginas em apenas três linhas, começando pelos versos de Renato Russo:

— "Não estatize meus sentimentos; pra seu governo, o meu estado é independente". Yeeeaaah, pessoal, rock é atitude! Vocês mandaram bem na arrecadação, e tenho certeza de que hoje vão arrebentar neste palco! Valeeeeu!!!

— Quem vem agora? – eu perguntei, já adivinhando a resposta.

— Aquela que seus olhos estão procurando desde que você chegou aqui – respondeu Eddie como quem recita um poema. – Veja, o piano já está no palco.

MONUMENTAL! – eu teria gritado a plenos pulmões se minha timidez permitisse. Lá estava, finalmente, a linda, doce, misteriosa e... inatingível Lisa Sky! Ela, seu vestidinho verde, a tiara de flores, os cabelos longos e pretos como uma noite sem luar, o piano e aquela voz que fazia meu peito doer. Aliás, tudo nela me fazia sofrer. Mas até que era bom – que coisa complicada de sentir e, mais ainda, de explicar!

CAPÍTULO 2

O sol sumindo ao fim do dia

A voz e o piano de Lisa Sky – e a música de Alanis Morissette – silenciaram todo o colégio.

Who, who am I to be blue?
Look at my family and fortune,
look at my friends and my house...

— É um anjo que está cantando? Essa menina não existe, Eddie. Bebi muito na noite passada, só pode ser, eu estou bêbado.

Eu tenho catorze anos e nunca coloquei uma gota de álcool na boca. A verdade é que eu sou simplesmente louco por Lisa Sky, e isso desde que ela chegou ao colégio, no ano passado.

Embora não seja o maior conquistador do *Moon River* – esse posto pertence, sem dúvida, ao meu amigo Jack Love –, nunca tive dificuldade para chegar numa garota. Mas Lisa era minha ponte intransponível.

Who, who am I to feel deadened?
And, who am I to feel spent?
Look at my health and my money...

Vivia me preparando para falar com ela: passava litros de perfume, ajeitava o cabelo um milhão de vezes diante do espelho, pedia ao Jack dicas sobre os autores mais românticos, ensaiava exaustivamente os textos com Eddie. Mas, quando chegava perto dela, ficava mudo, completamente recolhido no meu mundo interior, que se tornava pequenininho diante da menina mais linda que meus olhos já tinham visto.

And where, where do I go to feel good?
Why do I still look outside me,
when clearly I've seen it won't work?

"Mas hoje vai ser diferente" – pensei confiante. "O palco não é um lugar sagrado? Lisa não vai resistir à surpresa que preparei especialmente pra ela!"

Is it my calling to keep on when I'm unable? Is it my job to be selfless extraordinaire? And my generosity has me disabled by this my sense of duty to offer.

A surpresa envolvia a participação de outra pessoa, a baixinha Amy Blue, que era perdidamente apaixonada por mim. Certamente, a coitada estava pensando que a música que tocaríamos logo mais seria dedicada a ela. Amy era tão lerda!

Mas bem antes da nossa apresentação, todos nós fomos surpreendidos por dois fatos que, definitivamente, não estavam na programação do evento. Assim que Lisa Sky terminou sua performance, arrancando lágrimas daqueles que conheciam a tradução da música que ela cantou com tanta emoção, Mark von Hell – maldito Mark! – invadiu o palco e agarrou MINHA garota, tascando-lhe um beijo na boca!

Eu fiquei com tanta raiva que pisei o chão que nem um touro bravo na arena, arrancando pedaços de grama e... Tudo bem, não arranquei nenhum pedaço da grama, mas a esfolei um pouco. Eu não conseguia acreditar que Mark tinha feito aquilo!

— Cuidado, olha o que você vai fazer, Bob – murmurou Eddie, observando minha transformação e prevendo o que estava por acontecer. Ele era o único que conhecia meu maior segredo.

Meus olhos sempre verdes foram ficando vermelhos como sangue, e eu já não enxergava nada além daquela cena que a minha própria mente, fria e vingativa, congelara diante de mim: o capeta do Mark von Hell beijando Lisa Sky!

— Mark, seu animal, deixa a Lisa em paz! Pega essa sua petulância e enfia...

— Não, Bob! – implorou Eddie – Isso seria nojento, fica calmo, por favor!

— E enfia lá no meio do... Daquele muro!

Dito e feito: antes que Lisa pudesse revidar, Mark pulou do palco com a destreza de um coelho, correu pelo gramado como um guepardo e, sem pensar duas vezes, jogou-se como um sapo gordo contra o muro da escola. Em seguida, caiu de costas no chão, com o rosto ensanguentado, gritando de dor!

A multidão, de boca aberta, não entendeu nada. Alguns professores e alunos foram socorrer o "maluco do Mark".

— Rock é atitude, galera! – disparou o professor Will Heart como quem entoa um grito de guerra, mas ninguém vibrou.

— Aconteceu de novo... – murmurei inconformado, e Eddie sorriu como quem diz "eu estou aqui, cara, pode contar comigo".

Ele sabe de tudo, dos dois seres que moram em mim: Bob é um garoto tranquilo que ama a família, os amigos, os livros, a música e o skate (nem sempre nessa ordem); Kurt é um cara bem nervoso, e seus acessos de fúria sempre terminam mal: tudo o que eu desejo na hora da raiva torna-se realidade! E isso vem acontecendo comigo desde moleque, desde o dia em que minha mãe, Kate Dreams (que saudade!), deixou nossa casa para nunca mais voltar.

Eddie sempre tenta me acalmar – pena que muitas vezes fracassa e acaba ficando tão triste quanto eu. Melhor nem olhar para ele.

O jeito era olhar para a única coisa que valia a pena desejar na vida, aquela que me enchia de paz só com a simples lembrança de sua existência. Lisa Sky deixava o palco naquela hora. Parecia o sol, sumindo ao fim do dia. Meu peito voltou a doer.

CAPÍTULO 3

Essa foi pra você, Lisa Sky

— Jack Love não veio? Jack Love não veio? – Era o que dez entre dez garotas queriam saber, atormentadas pelo ciúme decorrente de uma dúvida ainda mais atroz:

— Está faltando alguma menina aqui?

Uma coisa era certa: se Jack estivesse em sua cabana, não estaria sozinho. Todo mundo sabe que o garoto leva uma menina por semana para sua pitoresca morada lá no alto da montanha. Existem até apostas sobre quem será a "eleita" da semana.

E o Doutor deve saber: a cabana de Jack fica perto da escola. Idealizado pelo diretor Frank River e sua falecida esposa, o colégio *Moon River* fica num bairro bem afastado do centro da cidade, próximo a uma pequena cadeia de montanhas. Lá da casa do Jack dá para ver nossa escola! Frank e sua mulher Janis (que com esse nome só poderia ser hippie) queriam que os alunos pudessem desfrutar do ar puro das montanhas e tivessem realmente um contato mais profundo com a natureza.

Bem, o que mais chama a atenção em Jack é seu estranho poder com as garotas. Apesar de não ser o menino mais bonito do colégio, possui uma legião de admiradoras, que, aliás, não são simplesmente admiradoras, mas seguidoras fiéis: nenhuma delas jamais revelou o que acontece naquela cabana. E todas voltam de lá completamente fascinadas pelo cara.

Mas quem não tem Jack Love, caça com Bob Kurt. Quando eu subi ao palco com meu violão, as meninas gritaram ensandecidas. Ao lado da violinista Amy Blue, anunciei:

— Olá, pessoal! Eu dedico essa música a uma garota muito especial...

Amy abriu um sorriso maior que seu violino. E as meninas ficaram ainda mais alucinadas! Exceto Lisa, que foi se afastando do palco, a caminho da cantina. Mas assim que eu comecei a cantar, ela deteve seus passos e se voltou para assistir a nossa apresentação!

Quando aconteceu? Não sei. Quando foi que eu deixei de te amar? Quando a luz do poste não acendeu. Quando a sorte não mais soube ganhar. Não. Não foi ontem que eu disse não, mas quem vai dizer tchau?

Ao meu lado, Amy Blue tocava magistralmente seu violino, sem tirar os olhos de cima de mim. Eu, que não conseguia parar de olhar para Lisa, sorri só para ela perceber que eu tinha notado seu súbito interesse pela minha música.

Onde aconteceu? Não sei. Onde foi que eu deixei de te amar? Dentro do quarto só estava eu, dormindo antes de você chegar. Mas, não. Não foi ontem que eu disse não. Mas quem vai dizer tchau?

Sim, algo prendia Lisa Sky diante da apresentação de Bob Kurt e Amy Blue. Ela até podia correr para a cantina, sem dizer tchau ou qualquer outra palavra, mas jamais esqueceria a canção que eu tinha ensaiado tanto só para ela. Uau, será que os versos apaixonados estavam tocando seu coração? Impossível, ela costumava dizer que conhecia muito bem todos os riscos de amar e que, por isso, jamais cometeria esse "erro"!

A gente não percebe o amor que se perde aos poucos sem virar carinho.

Guardar lá dentro o amor não impede que ele empedre mesmo crendo-se infinito. Tornar o amor real é expulsá-lo de você pra que ele possa ser de alguém!

Aplausos pipocaram de todos os cantos do colégio. Will Heart parecia emocionado – ele sempre se orgulha de seus alunos, é o professor mais apaixonado (e mais ingênuo também... Brincadeira!).

Ao final da canção, agradeci o carinho do público e à parceira de palco, distribuí acenos e sorrisos e, finalmente, revelei (nem sei onde arranjei coragem para isso) o nome da "garota muito especial":

— Essa foi pra você, Lisa Sky.

Amy Blue caiu sobre seu instrumento – e o arco do violino quase rasgou seu olho esquerdo!

Lisa sorriu. E saiu caminhando tranquilamente para a cantina, como se nada tivesse acontecido.

CAPÍTULO 4

Uma costela quebrada

— Alguém já disse que os bons morrem cedo. Amy Winehouse, você sempre vai estar nos nossos corações. Galera, nós somos AS PANTERAS!

Meet you downstairs in the bar and heard, your rolled up sleeves and your skull t-shirt. You say 'what did you do with him today?' And sniff me out like I was Tanqueray...

As Panteras, mais uma banda da nossa sala, começavam seu show. A divertidíssima Betty Holmes era a vocalista que, além de cantar com muita energia e emoção, ainda fazia uma dancinha, levando a plateia ao delírio! No sax, a única menina skatista do *Moon River*, Sarah Down (a garota tem cabelo comprido, mas vive de boné). Na bateria, a *dark* Melyssa Brum, a criatura mais estranha que eu já vi na face da Terra.

Cause you're my fella, my guy, hand me your Stella and fly, by the time I'm out the door, you tear me down like Roger Moore...

Eu já não conseguia prestar atenção em quase nada. Primeiro porque ainda não me refizera de meu ataque de fúria, que acabou levando Mark para a enfermaria do colégio. E segundo porque Lisa Sky tinha voltado da cantina, mas não estava nem aí comigo. Pensei que viesse agradecer a canção, ou pedir um autógrafo, ou se jogar em meus braços, sei lá, qualquer coisa. Só que ela estava mais interessada em aplaudir suas amigas.

I cheated myself like I knew I would I told you, I was trouble, you know that I'm no good!

Foi quando chegou Jack Love, e a mulherada respirou aliviada: ele estava sozinho, trazia apenas um violão. Talvez Lisa tenha sido a única garota que não se virou para ver o enigmático garoto (ufa, ainda bem!) caminhando até onde eu estava (ah, que pena, ela devia ter olhado).

— Eu preparei uma surpresa para o diretor Frank –

explicou, sorrindo.

Tive vontade de dizer "quem perguntou", mas o Jack era tão gente boa que não merecia levar nenhuma faísca da minha revolta por causa de minha insignificância diante daquela que significava tudo para mim. Sério, nunca pensei que eu fosse capaz de... amar alguém assim. Achei que isso tudo era só papo furado de compositor popular querendo garantir seu futuro à custa da ingenuidade dos fãs. É, todo mundo é ingênuo, inclusive eu.

— Frank morre de saudade da mulher dele... – Jack continuava falando e eu, viajando nos meus pensamentos, tinha perdido metade do seu texto – Vai ficar emocionado quando eu cantar a música que foi trilha sonora do primeiro encontro dos dois num bar de Nova York, na década de 60.

As Panteras encerraram seu número, e, quando o diretor preparava-se para assumir o microfone, Jack Love acenou para ele, gesticulando que tinha algo a declarar. O diretor não entendeu nada, pediu silêncio a todos e começou a falar da "estupenda qualidade" de todos os músicos que se apresentaram naquela manhã e...

Eu fiquei irritado com a viagem do diretor e, enquanto Jack encaminhava-se para o palco, desejei que Frank ficasse mudo e esperasse sentado pela surpresa que meu amigo preparara certamente com muito carinho. Na mesma hora, o diretor caiu sentado no tablado, cortando ao meio a frase "Vocês são o orgulho de minha vi...". Olhei depressa para Eddie, pois achei que ele tinha percebido que eu havia aprontado de novo, mas o garoto estava olhando fixamente para a calça apertada de Betty Holmes!

Jack Love cochichou algo ao ouvido do diretor (certamente, anunciou que tinha preparado uma surpresa). Exultante, Frank decidiu atirar-se nos braços da multidão. Como num megashow de rock, ele saltou com toda a coragem do mundo! Pena que Tom Fedder estava ali. O aluno mais porco do colégio inventou de soltar seus gases fedorentos bem naquela hora – o que fez todos os alunos se afastarem subitamente – e o velho Frank então se esborrachou na grama!

— Rock é atitude! – disparou novamente Will Heart, com a nítida intenção de refrear uma possível revolta de Frank. Desta vez funcionou: a galera vibrou, e o diretor apenas estapeou sua roupa, sacudindo-se como um cão molhado.

— Com todo carinho do mundo, essa é para o senhor, Frank River – declarou Jack Love, sempre tão amável e educado.

Amy Blue pensou que ele cantaria uma música gospel – "ele não disse que era para o Senhor?". Mas é claro que não, Jack cantou a música com a qual Frank e sua esposa Janis tinham batizado o nosso colégio:

Moon river, wider than a mile, I'm crossing you in style some day, oh, dream maker, you heart breaker, wherever you're goin', I'm goin' your way. Two drifters...

O fã clube de Jack Love – ou seja, quase todo o mulherio do colégio – gritava e assoviava, e assim quase ninguém percebeu que o garoto não cantava tão bem. Mas a beleza da homenagem, a ternura com que meu amigo olhava para todos faziam da sua apresentação a mais emocionante daquela manhã.

De repente, olhei para o lado e vi o diretor Frank River chorando! Aproximei-me com todo respeito, bati de leve nas suas costas e comentei:

— É emocionante, Sr. Frank. Imagino como o senhor está se sentindo pra chorar desse jeito.

— Não... – murmurou o homem, entre soluços. – Eu estou chorando porque devo ter quebrado uma costela quando me joguei do palco.

DOMINGO

CAPÍTULO 5

Pobre hiena desengonçada

Antes que eu me esqueça: como tinha previsto meu amigo Eddie, a banda *Blackmind* venceu o festival *Rock é Atitude!*. Mark voltou ao palco com o rosto cheio de esparadrapos, parecia uma múmia!

Mas quero contar agora, como foi meu domingo. Acordei muito cedo, ainda com a indiferença de Lisa Sky no pensamento. Nem para me dizer obrigado, quanta indelicadeza! Comecei a achar que ela nunca antes tinha olhado para mim, talvez nem soubesse da minha existência. Então, devia ficar feliz porque o festival serviu para que ela pelo menos notasse minha presença? Não sei, eu não consigo me alegrar com migalhas – preciso do panetone inteiro!

Inconformado com isso, resolvi caminhar sem rumo, sem falar com ninguém de casa, sem tomar café. Era só sair em silêncio do quarto, devagarzinho para não acordar ninguém e...

— Bob, eu também quero ir!

Ah, não, minha irmãzinha, Lya Great, já estava de pé no corredor, abrindo os bracinhos para mim!

— Mas quem disse que eu estou indo pra algum lugar? – tentei despistá-la, mesmo sabendo que era impossível livrar-se da filhinha de Helen Great, minha querida madrasta.

— É que um corpo em movimento geralmente está se deslocando de um lugar pra outro.

— Eu estou voando para a escola, tenho prova na primeira aula e não estudei!

— Mamãe falou que hoje é domingo!

Não tinha jeito. Bem que tentei esconder toda a maldade do mundo da pequena Lya e seus inocentes quatro anos de idade, mas as crianças são sempre tão espertas! Disparei sem dó nem piedade:

— Eu estou mentindo para você, não esperava encontrá-la agora, estou tentando me livrar de você, quero sair sozinho e sem ninguém saber, Lya, inclusive você.

— Por que não disse antes? Mentira tem perna curta, mas a verdade é uma girafona!!!

Ela então fechou os olhinhos, estendeu os braços e

voltou para seu quarto caminhando lentamente como uma sonâmbula.

Como eu amo a irmãzinha que meu pai arranjou para mim! E preciso confessar: gosto muito também da mãe de Lya! Além de carinhosa, ela é tão bonita, tem um corpo tão perfeito que... parece uma modelo!

Meu pai sofreu muito quando mamãe nos deixou, mas agora Stay Forever é o homem mais feliz do mundo – porque conseguiu outra mulher linda e bem mais apaixonada que a sonhadora Kate Dreams!

E foi realmente o sonho que levou mamãe embora. Nunca vou me esquecer daquela manhã em que ela me deixou na escola pela última vez, em seu Maverick azul reluzente, que sempre chamava a atenção da garotada. Kate beijou minha testa – como fazia todos os dias – e disse que, no dia seguinte, era o papai quem me levaria para o "Rio Enluarado".

— Amanhã você estará nublada, mamãe? – eu perguntei, pensando que ela amanheceria de mau humor, como sempre ficava nos dias de sua menstruação.

— Não, filho, mamãe vai atrás de seus sonhos, só isso.

Mais uma vez, enganei-me. Sorri de felicidade, imaginando que ela percorreria todas as padarias da cidade para comprar toneladas de meu doce predileto (naquela época, porque agora eu gosto mesmo é de Sonho de Valsa!).

Ela me deu outro beijo na testa e ficou com as duas mãos e a cabeça apoiadas sobre o volante, olhando para mim enquanto eu passava pelo portão da escola, misturando-me àquela criançada barulhenta. Ela foi embora e nunca mais voltou.

Quando meu pai explicou o motivo da separação, eu não entendi direito.

— Sua mãe nunca aceitou o fato de viver nesta cidadezinha tão parada, meu filho. Ela sempre quis correr o mundo. E eu, você sabe, para mim basta estar aqui, Stay Forever é meu nome. Tenho minha casa, minha oficina mecânica, tenho você, o papagaio, não preciso de mais nada... Preciso dela, é, agora preciso dela. Mas entendo que a vida é assim mesmo, encontros e despedidas, como já disse o poeta.

No outro dia, bem cedo, quando vi que mamãe não veio me acordar, que a mesa do café estava diferente, que papai não sabia fazer torradas, que o Maverick azul reluzente não estava estacionado diante de nossa casa... eu entendi que Kate Dreams realmente nos abandonara. E fiquei muito, muito furioso!

Estranhamente, não fiquei triste, mas realmente furioso com o quarto desarrumado, o café desajeitado, as torradas queimadas, o Maverick ausente, a vida tão modificada. E desejei que o enorme pinheiro na nossa calçada desabasse sobre minha casa. O enorme pinheiro desabou sobre minha casa! Ainda bem que já estávamos no carro – o velho fusca verde de Stay Forever. Meu pai ficou branco, olhando para a casa em ruínas, e nem notou meus olhos vermelhos.

Na hora, não entendi que fora o culpado por aquela tragédia, mas, com o tempo, outros incidentes foram me mostrando que meu desejo nos momentos de fúria era imperativo e terrivelmente destrutivo.

Teve um dia em que a professora do jardim me colocou de castigo, achando que eu tinha acertado um giz na sua nuca enquanto ela escrevia na lousa um pensamento de Madre Teresa de Calcutá. Mas quem tinha feito a travessura fora um menino sem graça chamado Mark von Hell. Será que ela nunca notara o nome do garoto? Será que ela tinha um olho na nuca, para afirmar com tanta certeza que eu era o culpado daquele bombardeio de um míssil só?

Fiquei irritadíssimo, cruzei os bracinhos e fui – bufando! – para o canto da sala, onde devia permanecer em pé, de costas para a turma, durante quinze minutos. Um prato cheio para Sally Pepper, a menina mais insuportável do mundo, que adorava me provocar. Ela acabou livrando a professora de minha fúria – se bem que nunca consegui odiar nenhum professor. Meu pai me ensinou cedo que professores são pessoas muito especiais, "anjos que nos ajudam a atravessar as pontes quebradas do caminho".

Bem, a garota começou a rir da minha bermuda – que tinha um rasgadinho no bolso. Desejei então, com toda a raiva do mundo, que Sally virasse uma hiena esfomeada, como aquela do filme "O Rei Leão".

Não deu outra: um segundo depois, havia uma hiena desengonçada tentando se equilibrar na carteira de Sally Pepper! A criançada começou a gritar de medo, chamando pela "tiaaaaaaaaaaaa"! Eu achei tão divertido que cancelei a pegadinha, seria crueldade demais... com a hiena!

CAPÍTULO 6

Como é difícil

Caminhei a esmo quase a manhã inteira – e fiquei um tempão vagando pela feira de bugigangas que acontece todo domingo na praça central da cidade. Sempre gostei de apreciar velharias – só para celebrar minha juventude! Eu me sinto eterno quando vejo, por exemplo, um disco de vinil ou um computador amarelado. E adoro as aulas de História da professora Ladytime!

Na hora do almoço, voltei para casa, quase refeito de todo o mal-estar do sábado. Fui direto para a cozinha, mas a mesa não estava posta, não havia nada sobre o fogão e nenhuma alma viva por ali. Logo descobri que todo mundo estava na piscina, para onde me dirigi com o estômago roncando.

Meu pai estava na água, brincando de tubarão com a Lya. Helen Great se bronzeava, deitada numa toalha estendida sobre a grama, de biquíni e óculos escuros. Nunca gostei de pessoas com óculos escuros, perdem a identidade, não consigo decifrá-las...

— Ué, hoje não tem almoço? – perguntei só para que percebessem minha presença.

Helen Great então se virou de lado e levantou os óculos para me perguntar com aquela sua voz de Lady Gaga sussurrante:

— O que você quer comer, Bob?

— Batata frita com muito queijo e bacon!

— Eu não vou para o fogão com esse calor – ela declarou, levantando-se. – Mas tem uma salada deliciosa de folhas, tomate e pepino na geladeira. Vou lá buscar!

Quase perdi a fome.

Depois desse apetitoso almoço, fui para meu quarto trocar uma ideia com Bob Foots: eu adoro conversar com meu skate – é a única criatura deste mundo que consegue me compreender, que me ouve sem fazer qualquer objeção e que nem se importa de ser pisado por mim (pelo contrário, ele me leva para o céu em nossas loucas acrobacias pelas pistas da cidade!).

— Bob, eu nunca imaginei que pudesse me apaixonar por uma garota – e Bob, calado como sempre, me olhou de um jeito curioso. – Não, também não pensei em me apaixonar por um garoto. Nunca passou pela minha cabeça que pudesse existir alguém mais importante do que... do que você, Bob Foots. Não fique triste, eu também amo os livros e você sempre lidou muito bem com isso. É que, agora, eu tenho mais vontade de ver, de tocar a Lisa do que folhear um livro ou encarar uma rampa!

"Cara, é estranho, dá uma dorzinha aqui dentro, um desejo de não sei o quê, uma coisa de achar que o mundo vai acabar se eu não disser pra Lisa que eu a amo tanto! Só que, ao mesmo tempo, bate um medo de nadar, nadar, nadar e morrer na praia, sem um beijo dela e o pior: a galera olhando e rachando de rir! Eu contei o que ela fez ontem... A letra do Nando Reis é a coisa mais linda do mundo, ela ouviu, eu disse que era pra ela (não sei mesmo onde arranjei tanta coragem!). E Lisa foi tomar um suco!"

"Ah, quer saber de uma coisa? Vamos dar uma volta, Bob! De uns tempos pra cá, tem sido mais perigoso ficar neste quarto com meus pensamentos do que sair por aí, arrebentando nas pistas. Skate é arte, cair faz parte, na boa. Parece que no amor cair é um desastre, machuca demais... Vamos sair depressa daqui!"

Na rua, encontrei o Eddie, que já vinha vindo com sua câmera fotográfica. Como ele jamais conseguiu dominar um skate, é o fotógrafo da turma, que se diverte registrando as nossas melhores manobras – e também os tombos. A tarde de domingo passou como um raio: eu, Jack Love, Mike Fish e até o Mark arrebentando na pista do clube, Eddie fazendo suas fotos enquanto lia um livro de Física (!) e... Lisa, onde você estava que não viu o que eu e Bob Foots fomos capazes de fazer?! Ah, desse jeito a casa cai!

Foi o que aconteceu: a casa não, mas eu caí e meti a cara no chão! Fiquei um tempo deitado, fingindo que desmaiara só para curtir um pouco a dor de saber que LISA SKY ME DEIXAVA NO CHÃO. Ah, tem hora que a gente se arrepende não só do que disse, como também do que sentiu. Este parágrafo não devia existir!

— Você até que não é mau, mas tem hora que se comporta de um jeito tão difícil – declarou Mike Fish, do alto de sua sinceridade extrema. E eu tive que concordar, afinal, era o único que tinha esquecido o equipamento de segurança em casa. Meu joelho esquerdo sangrava.

— Ainda bem que você não bateu a cabeça! – disse Eddie, agachando-se ao meu lado para mostrar a foto do "grande" Bob Kurt espatifando-se no chão.

— Eu devia ter batido a cabeça – resmunguei. Quem sabe assim parasse de pensar em Lisa Sky, Lisa Sky, Lisa Sky, Lisa Sky, Lisa Sky, Lisa Sky, Lisa Sky...

SEGUNDA

CAPÍTULO 7

O tempo não para

Sete e vinte da manhã e lá estávamos nós na sala de aula, prontos para mais um dia de aventura "nas asas do saber", como diz o professor Will Heart. Vamos entrar para a história como OS DOZE DO *MOON RIVER*, a melhor turma do século!

Lembro que, na segunda-feira, Doutor, enquanto a professora da primeira aula não chegava, eu fiquei um tempo calado só observando meus amigos, como que combatendo – antecipadamente – a saudade que um dia eu acho que vou sentir. Afinal, o EnsinoMédio é um tempo de despedidas, separações, já que muitos alunos depois de formados seguem por caminhos diferentes. Ah, queria nunca desgrudar de meus colegas – mesmo do Mark von Hell! Uau, como amanheci melancólico na segunda!

E toda a turma desfilava diante de meu olhar mudo e perplexo...

Eddie Good já estava com a cara metida na apostila – será que tinha prova e eu me esquecera? Nada disso, ele ama o saber – e ama saber antes dos outros! Jack Love, sempre com aquela expressão satisfeita de "encantador de garotas", metera a mão por dentro da camisa e alisava o peito.

Tom Fedder contou que tinha tomado vitamina de abacate com leite no café da manhã: oh, não! Mike Fish, o Verdadeiro, revelava, desembaraçado, que ainda não tinha certeza se gostava de meninos ou de meninas. Matteo More permanecia na dele como sempre, mas notei que a boca quase se abriu num sorriso logo após o comentário do Mike. E Mark von Hell, milagrosamente calado, olhava fixamente para Lisa!

Ah, as garotas! Uma mais linda que a outra! O mundo só vale a pena por causa delas, como dizia meu avô.

Olhei para Lisa: tão amável e, ao mesmo tempo, tão distante de todos. Sabemos que a segunda-feira é, quase sempre, um dia difícil para ela porque, aos domingos, costuma ir com a mãe, Lucy Sky, visitar o pai no presídio. É, o astrônomo Grey Sky cumpre pena por tráfico de drogas, disse meu pai; foi preso quando Lisa era apenas uma garotinha. Por isso, todo mundo diz que a infância de Lisa foi triste. E parece que a adolescência continua do mesmo jeito.

Amy Blue parecia tão feliz! Será que ela tinha sido a eleita de Jack Love? Era o que todos começariam a se perguntar em breve. Sarah Down estava brava porque não passamos na casa dela no domingo e estava louca para andar de skate com a gente. Mas assumi a culpa: pensei que tinha ido para a praia com os pais.

Melyssa Brum, pálida e de olhos arregalados, fechava as cortinas, irritada com o sol. E Betty Holmes gritava como uma doida que tinha beijado um carinha "maravilhoso" na piscina do clube!

Minha melancolia teve fim quando a professora Bella Crash chegou com seus livros e seu visual assustador! Não que isso fosse novidade – nossa professora de Geografia é uma mulher cuja beleza ficou perdida em algum lugar do passado. Mas o visual era particularmente assustador naquela manhã porque vinha acrescido de um item surpreendente: a mulher não parava de sorrir – um sorriso enorme, de orelha a orelha, que tornava seu rosto ainda mais... estranho!

— O que aconteceu, professora? – lascou Mike Fish, que qualquer dia desses ainda morrerá pela boca!

Ela disse um "nada, ué" e caiu na gargalhada. Depois acrescentou que acordara feliz porque sabia que veria cada um de nós naquela manhã. Ela é sempre tão carinhosa com a gente que foi aplaudida por todos! Professora Bella é realmente uma pessoa muito especial!

Naquele instante, acho que fui o único a notar uma coisa: ela lançava, de quando em quando, olhares furtivos para Jack Love! Eu fiquei boquiaberto com minha descoberta!

— Só lhe mostrei que ela é realmente uma bela mulher – disse meu amigo, mais tarde, confirmando que nossa professora tinha sido a escolhida da última semana. – Ela ficou tão feliz, dava gosto de ver!

Mas aquela segunda-feira ainda reservava muitas surpresas. Assim que bateu o sinal e Bella Crash deixou nossa sala, Will Heart entrou agitado como sempre, disparando seu "Bom dia, população!" e anunciando que o diretor Frank River precisava ter uma conversa muito séria com a gente.

— Eu não fiz nada! – gritou Mark, fechando a cara como um menino emburrado (ótimo adjetivo para ele!).

O professor de Redação nem precisou explicar nada. Frank entrou logo em seguida com um punhado de flores, algumas trufas e meia dúzia de palavras iluminadas:

— Bom dia, meus queridos alunos! Não sei se notaram, mas todos os componentes desta sala participaram do festival no sábado. TODOS, entenderam? É impressionante, ninguém ficou de fora! E isso só aconteceu com esta turma. Sabem o que isso quer dizer?

— Que somos apenas doze, assim fica fácil – arriscou Mike Fish.

— Nada disso – rebateu o diretor. – Um ou outro poderia ter desistido ou faltado no dia. Mas não: todos aqui, cada um a sua maneira, acolheram a proposta do festival e brilharam no palco. Por isso, nossa gratidão e nossa homenagem: flores e chocolate para todos!

— Ai que lindo, Frank!!! – gritou Betty Holmes, correndo até o diretor para abraçá-lo como a um velho amigo! Sempre admirei esse jeito tão espontâneo da Betty, ela desarma qualquer um com tanto carinho e tanta verdade. Frank até derrubou um buquê no chão, todo atrapalhado.

E Amy Blue aprontou uma comigo: tomou minha trufa e a substituiu por um belo Sonho de Valsa! "Que danadinha", eu pensei, abraçando-a carinhosamente (mas sem me aproximar muito). Será que era por isso que ela estava tão feliz? Só porque sabia da surpresa do diretor e trouxera meu chocolate predileto?

— Parece cruel, mas, muitas vezes, nosso sucesso depende do fracasso do outro... – Eddie Good tinha a explicação. – Amy está feliz assim porque você, à primeira vista, fracassou no sábado, Bob. Afinal de contas, até agora, Lisa nem olhou para você, mesmo depois daquela música tão legal.

Então Amy estava feliz com minha tristeza? O amor, definitivamente, nos torna cegos! A gente só vê o que o coração deseja ver.

Ah, não sei se é isso realmente. Eu nunca desejaria ver Lisa triste daquele jeito. E, por essa razão, foi muito difícil surpreendê-la chorando – chorando! – enquanto tentava esconder seu rosto atrás do buquê de rosas que Frank lhe entregara. Não tive coragem de me aproximar, mas cutuquei Sarah Down:

— Olha, a Lisa não está bem...

Queria tanto fazer algo por ela, queria tanto!

Enquanto Sarah foi tentar consolar a amiga, olhei para o lado e vi que Eddie também parecia triste: o olhar parado, a apostila fechada (!), o bombom abandonado na carteira...

— Ah, Eddie, não fique assim – brinquei, aplicando-lhe uma gravata de leve. – Vamos falar com Frank, ele deve ter mais flores, não sabia que você gostava tanto assim de rosas!

Eddie Good apenas olhou para mim: não sorriu nem ficou bravo. Meu melhor amigo precisava de ajuda, e é nessas horas que a gente descobre por que tem amigos nesta vida.

— Eddie, eu estou aqui. Fala pra mim o que está acontecendo.

— Agora é aula de Redação. No intervalo, a gente conversa.

De fato, o diretor já tinha saído, Lisa não chorava mais, Amy sorria para suas flores, Will Heart começava a explicar conceitos de narrativa policial.

É, por mais que a gente de vez em quando queira, o tempo não para.

CAPÍTULO 8

Um milagre na favela

Ah, Doutor, foi ridículo! Na hora do intervalo, Mike Fish simulou um tropeço e mergulhou no canteiro de margaridas, regando as pobrezinhas com *Coca-Cola* gelada e metendo o nariz no hamburgão com cheddar – que acabou enterrado no esterco! Quem viu a cena, caiu na risada; quem não viu, ficou sabendo por meio da zoação de Mark von Hell, que fez o maior estardalhaço, atraindo a atenção de uma galera!

Foi assim que Lisa Sky se aproximou e, ao ver Mike com o rosto todo sujo de cheddar e estrume, não resistiu e desandou a rir também. Note: Lisa Sky estava rindo – numa segunda-feira!

Não. Pensando bem, não foi ridículo: vi que Mark piscou para Mike, agradecendo sua participação no plano para fazer Lisa feliz. Pela primeira vez na vida, tive vontade de abraçar Mark mas me contive e fiquei só viajando com a alegria e a solidariedade de Lisa, que, mesmo sem parar de rir, não hesitou em emprestar seu casaco ao Mike, já que a camiseta dele ficou imunda. Ah, e eu precisava conversar com Eddie!

Procurei meu melhor amigo na biblioteca, seu lugar favorito na escola (depois da sala de aula, óbvio!), mas ele não estava lá. Fui encontrá-lo no jardim, sentado na grama, recostado ao tronco do velho ipê-amarelo, o olhar ainda parado, com cara de choro.

— Eddie, eu estou aqui. Fala pra mim o que está acontecendo...

— Eu estou com vergonha... – ele murmurou, deixando escorrer uma lágrima.

— Vergonha de quê?

— Vergonha de minha tristeza.

— Como assim?

— Eu estou triste por causa de... um brinquedo! Eu não acredito!

Nem eu acreditei, mesmo sem entender direito qual era o problema.

— Eddie, eu quero ajudar você, mas você poderia ser mais específico?

Ele então enxugou o rosto na touca do meu casaco (!) e resolveu se abrir de verdade:

— Lembra do Voldemort?

Somos doidos pela saga de Harry Potter!

— Claro que sim! Mas Harry cuidou de destruí-lo no último livro da série. Ah, não, eu não acredito: você está com saudade do Lorde das Trevas?!

— É mais ou menos isso. Eu estava falando do meu boneco, o Voldemort. Aquele boneco que encontramos no parque, lembra?

Sim, eu me lembrava. Um boneco de plástico, encardido e sem cabelo, que Eddie encontrou pendurado numa árvore. Parecia que o brinquedinho insólito tinha sido enforcado por alguém. Meu amigo "salvou a vida" do boneco e o levou para sua casa. Pediu para a mãe fazer-lhe uma capa negra, e assim o boneco careca de plástico tornou-se o Lorde das Trevas do Eddie. Seu Harry Potter era um *playmobil* amarelo.

— O que aconteceu com o seu Voldemort? Virou cinzas também?

Eddie respirou fundo:

— Minha mãe separou um monte de brinquedos para doação, aqueles que abandonei há muito tempo. Trouxemos tudo aqui para a escola – e isso com certeza rendeu muitos pontos a nossa equipe. Hoje cedo, eu senti falta do Voldemort e o procurei pela casa toda. Minha mãe então me disse que...

Não conseguiu terminar a frase, nem precisava, eu já tinha entendido tudo. Aliás, quase tudo: por que a vergonha de ficar triste por perder um brinquedo tão querido? Eu nunca tive vergonha de assumir que ainda não era um adulto, que ainda gostava de muitas coisas de criança. Isso, por incrível que pareça, chama-se maturidade, segundo meu pai. Jamais imaginei que Eddie não lidasse bem com essa questão.

Antes que eu pudesse encontrar alguma coisa para dizer, foi a vez de Matteo More entrar em cena. O cara surgiu do nada a nossa frente e declarou meio tímido, meio cabisbaixo, ou seja, completamente do jeito dele:

— Desculpa, eu estava aqui perto, ouvi o final da conversa e acho que posso ajudar.

Mais do que achar "alguma coisa para dizer", ele fez algo. Para encurtar a história, na parte da tarde, Matteo levou a gente para um dos bairros mais carentes da cidade, onde morava a Barbra, a empregada da família dele. Enquanto via as casinhas tão simples, o lixo acumulado pelas ruas, os varais repletos de roupas puídas, as pessoas humildes do lugar, eu ficava recordando a música de Herbert Vianna e Gilberto Gil:

Oh, mundo tão desigual,
tudo é tão desigual, oooohhh...

Desejei sentir raiva dos casebres, do lixo, da desigualdade social para que então eu pudesse, com meus estranhos poderes, mudar tudo aquilo! Mas não consegui. Raiva não é algo que se deseja, acontece. E entendi também que a raiva não pode mudar o mundo. O que pode mudar o mundo? A resposta estava alguns passos adiante.

Matteo More nos conduzia até a casa de uma vizinha da Barbra. Quando estávamos quase chegando, ele pediu que parássemos um pouco a distância e olhássemos o que estava acontecendo no quintalzinho de muro baixo da modesta residência, um barraco de madeira coberto com placas de zinco e pedaços de *outdoor*: havia duas crianças brincando, um menino e uma menina. Estavam tão felizes e falavam tão alto que dava para escutar o que eles conversavam:

— Doutor, meu filho já perdeu todo o seu cabelinho... – dizia a menina, segurando um boneco careca com as duas mãos. — Ele anda tão triste, só quer vestir esse casaco preto, nem consegue brincar mais... Isso quer dizer que...?

— Calma, senhora, eu tenho uma boa notícia! Aconteceu um milagre: seu filho já está curado! Essa noite um anjo passou aqui no hospital e salvou um monte de gente! – respondeu o garotinho, segurando um boneco verde.

— Ebaaaaaa!!

Matteo More sorriu timidamente para Eddie:

— O nome do garoto é Bill. Barbra disse que ele e a irmã, Hillary, antes só brincavam com caixas de papelão, latinhas e pedaços de madeira. Desde que os bonecos chegaram, no sábado à tarde, não param de fazer filminhos. Bill diz pra todo mundo que, quando crescer, vai fazer uma versão do filme *À espera de um milagre* aqui na favela.

Eddie Good sorriu, emocionado:

— Eu sabia que minha tristeza não tinha fundamento.

Desta vez, não hesitei: abracei Matteo More, dizendo-lhe um "obrigado" ao pé do ouvido. Matteo sorriu amarelo, ficou ainda mais sem jeito, parecia emocionado também. Depois abracei Eddie, que já nem estava tão triste, mas tinha uma expressão estranha.

— Mahatma Gandhi estava certíssimo... – comentou, ainda olhando para as crianças no quintal. – Não existe livro melhor que o livro da humanidade. Aprendi tanto hoje! Precisamos fazer alguma coisa, Bob.

Eu sorri:

— Precisamos ir embora.

— E voltar outro dia, sem falta – Eddie completou, enigmático.

TERÇA

CAPÍTULO 9

Antes do sinal

A terça começou assim:

— Ei, Bob Kurt, preciso falar com você!

Era o professor Teddy Numbers correndo atrás de mim, logo que cheguei à escola. Sem cerimônia, pediu que o acompanhasse até o jardim.

— Que romântico! – ironizei sorrindo, mas por dentro remoendo um medinho. "Será que eu levei bomba na prova?" – pensei comigo mesmo. É que nunca fui bom em Matemática. Muito menos em deduções. Teddy Numbers queria falar sobre... Lisa Sky!

— Muito bonito o que você fez, parabéns, rapaz!

Mas, até aí, ainda não sabia que falava sobre minha literal "cantada" no festival *Rock é Atitude!* – e pensei que tivesse tirado dez na prova: "Yes!".

— Tantos poetas, tantos compositores já fizeram isso, mas continua sendo uma forma original de declarar seu amor. Lisa já procurou você?

Ops! Só então entendi que a conversa não seria sobre números, mas sentimentos, ou seja, mais difícil ainda.

— Não, ela não me procurou, nem sequer olha pra mim!

— Antes ela olhava?

Uau! Lembrei-me na hora da primeira vez em que surpreendi Lisa Sky olhando para mim...

Eu sou péssimo em futebol, perna de pau mesmo, então vivo evitando pagar mico e invento algo para não jogar. Mas acontece que eu adoro roubar a cena! Era a final do campeonato escolar, a arquibancada do *Moon River* lotada, aquela agitação, aquela festa. Inventei que não estava bem, Frank pediu que eu fosse gandula: "Você fica fora do campo, mas continua dentro da competição", argumentou. Eu achei engraçado, e aceitei.

Lá pelas tantas, Mark von Hell deu um bicão na bola, que acertou em cheio a minha cara. Cara, como doeu! Fiquei tão embaraçado com minha falta de sorte, que tentei fazer algo para ofuscar meu infortúnio e ainda sair bem: simulei que desmaiava – era perito em cair no chão – e desabei na grama. E não é que bati a cabeça bem numa pedra? Doeu mais ainda!

Fechei os olhos. Quando os abri, vi o rosto preocupado de Lisa Sky, aqueles dois olhos castanhos e enormes me olhando, o céu azul no fundo. Foi só eu sorrir e dizer "está tudo bem, sou um ótimo ator" para ela me dar um chute certeiro bem no meu... Bem onde você está pensando. Daí eu até me esqueci da pedra e da bolada – e me contorci de dor, como um feto se afogando (tudo bem, essa comparação só não é mais absurda do que minha dor naquela hora).

— Acho que há muito tempo ela chegou à conclusão de que não vale a pena olhar pra mim – disse, finalmente, com toda a tristeza, observando os alunos que chegavam naquele instante, encaminhando-se para o pátio. "São mais felizes do que eu", pensei. "Não estão nem aí se alguém olha ou não pra eles."

— Você já plantou uma árvore, Bob Kurt?

Nossa, por alguns segundos, tinha até esquecido que Teddy Numbers ainda estava ali. Não, acho que nunca plantei uma árvore.

— Você planta e deixa lá. Ok, no começo, coloca água todos os dias, cerca a plantinha de cuidados. Mas depois de um tempo, a arvorezinha vai crescendo por si só, sem precisar da sua ajuda. Ela vai crescendo, crescendo, crescendo até se tornar uma árvore linda, capaz de oferecer frutos, sombra e ar puro.

Eu ainda não tinha entendido a metáfora.

— Bob, você já plantou uma sementinha no solo do

coração de Lisa. Agora é só cuidar um pouquinho e esperar, esperar crescer. O amor, às vezes, é uma longa espera.

— Esperar, professor? Como? Se eu conto as horas, os minutos pra vê-la, pra estar perto dela.

— Esperar pelo sol enquanto a chuva cai pode ser tão poético, tão inspirador, Bob! Entenda, esse tempo de esperar também tem seu sabor, seu encanto, seu significado. Não tenha pressa, pois o segredo é viver tudo o que a vida tem para nos oferecer.

Parecia um poeta falando. Nunca imaginei que o professor de Matemática fosse assim tão íntimo das palavras. Sorri para o velho Teddy:

— Por que o senhor está me dizendo tudo isso?

Pela primeira vez, ele olhou para o nada – e vi tanta coisa naquele olhar!

— É que você me recorda a primeira vez que amei. Elena... Elena também não olhava para mim. Um dia, olhou, gostou do que viu, fomos muitos felizes por um tempo. Depois, seus olhos decidiram buscar outras coisas, outras paisagens, outros amores... E os meus nunca mais a viram. Só que nunca, nunca esqueci Elena, ela era tão linda! Posso dizer só mais uma coisa, antes que bata o sinal?

— Pode.

— Mesmo ímpar, toda beleza tem seu par. Toda beleza tem seu par!

Bateu o sinal.

CAPÍTULO 10

O grande mágico

As palavras do professor Teddy não saíam de minha cabeça: "Você já plantou uma sementinha no solo do coração de Lisa. Agora é só cuidar um pouquinho e esperar". Esse "cuidar um pouquinho" me levou a uma resolução: falar com Lisa Sky de qualquer jeito!

Na hora do intervalo, vi que ela estava com uma galera reunida em torno de Betty Holmes, que, animadíssima como sempre, convidava todo mundo para um churrasco no feriado de sexta na sua casa (uma chácara maravilhosa com piscina, sauna, churrasqueira, campo de futebol e até uma pista de dança!).

— Gente, está tudo certo! – ela dizia entre um gole e outro de suco. – É aniversário do meu irmãozinho, mas a festa é nossa! Meu pai disse que eu poderia convidar quem quisesse.

— Mas é festa de criança, Betty – replicou Sarah. – Seu irmão não está fazendo cinco anos?

— Sem problema, sem problema! Se a criançada atrapalhar, a gente prende todo mundo na sauna! – e caiu na gargalhada como só ela sabe fazer.

— Eu quis dizer que A GENTE pode atrapalhar...

Betty nem ouviu a tréplica de Sarah, saindo correndo para convidar um garoto do Ensino Médio. O grupo se desfez – e Lisa foi para a biblioteca. "É a minha chance!", pensei, seguindo-a meio de longe. Jack Love veio correndo me perguntar se eu ia à festa de Betty. "Ah, não, Jack não, só faltava a Lisa ficar a fim dele!". Tratei de despachá-lo logo:

— Acho que vou sim! Depois a gente vê isso. Preciso pegar um livro.

Jack Love é um garoto esperto. Não precisei dizer mais nada, ele saiu cantando baixinho uma música do Jack Johnson:

I've got an angel,
she doesn't wear any wings...

E eu entrei na biblioteca.

Para minha surpresa, Lisa estava lá... sozinha! Não tinha mais ninguém sentado à mesa ou vagando entre as prateleiras repletas de livros – e a bibliotecária

Molly provavelmente tinha saído para tomar um cafezinho. Sentada num pufe branco, Lisa folheava um livro de poemas da Cecília Meireles. Fiquei preocupado. "Será que vai ficar brava por interrompê-la?", mas eu não podia desistir agora que estava tão pertinho dela... "Cuidar um pouquinho, cuidar um pouquinho."

Droga! Não tinha planejado o que dizer. Daí, para ganhar tempo, humildemente perguntei:

— Posso falar com você?

Oh, não, ela levou o maior susto! E derrubou o livro no chão. Sem dizer nada, agachou-se para apanhá-lo – e eu fiz o mesmo. Sabe aquela cena em que os dois – o menino e a menina – colocam a mão no mesmo objeto e trocam um olhar? Não, isso não chegou a acontecer.

Percebendo que eu me abaixara para pegar o livro, ela levantou-se – e eu, de novo, fiz o mesmo. Ficamos os dois, frente a frente, um olhando para o outro, e a Cecília Meireles aos nossos pés. Eu sorri amarelo; ela não sorriu. Colocou as mãos na cintura e perguntou levemente contrariada:

— O que que você quer?

Abaixei-me depressa, peguei o livro, entreguei a ela e disse (meu coração parecia querer estourar o peito!):

— Você ainda não me disse... se gostou da, da, da música do Nando Reis!

— Qual?

Não acreditei que ela me perguntou isso! Era o cúmulo da indiferença. Será que nem se lembrava da canção que lhe ofereci no sábado, na frente de todo mundo?

— A canção que toquei pra você no sábado, na frente de... No festival!

— Ah, pensei que se referia ao disco novo do Nando. Eu não conhecia aquela música, mas minha mãe tem o CD, eu ouvi no domingo de manhã, antes de... (Antes de sair para visitar o pai na cadeia, foi o que ela não disse). O nome é *Quem vai dizer tchau?*. Não entendi algumas partes, mas gostei de

Tornar o amor real é expulsá-lo de você pra que ele possa ser de alguém.

Fiquei mudo. Não esperava tanto, não esperava. E, perplexo, não sabia o que dizer. Acho que foi aquela história de "quando os olhos falam". Os meus estavam gritando de alegria, de emoção. Mas acho que Lisa não ouviu – ou não percebeu – nada.

— Era só isso? Eu ainda quero ler um poema...

Que vergonha, preciso confessar: senti muita raiva de Cecília Meireles e de todos aqueles livros – que naquele instante eram mais importantes do que o meu olhar, a minha emoção, o meu amor. E desejei que um vendaval desse um jeito naquela multidão de intrusos!

Sim, o intempestivo Kurt dominou o outro Bob mais uma vez!

De repente, um vento muito forte entrou pelas janelas e, como um pequeno tornado, começou a arrancar todos os livros das prateleiras, um por um, mas numa velocidade vertiginosa! Eles ficaram bailando no ar, ao redor de mim e de Lisa, que não sabia se corria ou apenas se protegia – embora nenhum livro nos acertasse, apenas giravam no ar como balões desgovernados!

Molly, que acabara de voltar, deu um gritinho e se escondeu debaixo da mesa. Eu comecei a rir, aquilo até que era bem divertido, mas Lisa, amedrontada, correu para fora com as mãos na cabeça. Como quem apanha uma goiaba no galho, peguei um dos livros voadores: *Cecília Meireles: uma antologia poética*! Gritei para a bibliotecária que o levaria para casa. Não sei se me ouviu, parecia desacordada debaixo da mesa.

O sinal bateu, saí correndo como um atleta a poucos metros da vitória. Ofegante, entrei na sala de aula e logo vi o lugar de Lisa vazio: ela tinha ido embora, reclamando de dor de cabeça. Garanto que não era nada disso: estava ainda com a imagem dos livros orbitando ao redor de nossas cabeças. Parecia mágica! (É, pensando bem, até que foi legal!). Ah, se ela soubesse quem era o grande mágico!

CAPÍTULO 11

O paladar e o banquete

Amy Blue estava chorando. O que teria acontecido?

Alternativa A: "Ela está triste" – o palpite brilhante de Mark von Hell.

Alternativa B: "Nada, não. Mulher chora por qualquer coisa" – a análise machista de Tom Fedder.

Alternativa C: "Cálculo renal, não há nada pior, segundo minha mãe" – arriscou Eddie Good.

Mas somente Mike Fish sabia o que realmente tinha se passado:

— Ela viu Bob e Lisa na biblioteca, antes do vendaval. Não sei, talvez ela tenha provocado tudo isso, pois saiu correndo numa velocidade doida e foi se esconder lá na horta, até atropelou umas couves! Eu fui atrás e disse tudo o que ela precisava ouvir. Foi quando começou a chorar.

— O que você disse pra Amy, seu insensível?! – perguntei enfurecido.

— Calma, Bob – Eddie já começou a ficar branco.

— A verdade, nada mais que a verdade – o insensível anunciou tranquilamente. – Eu disse a ela que sofrer por amor é bonito nos livros, mas na vida real é uma droga. Que ela está viciada em você, Bob, e que precisa procurar tratamento. E disse ainda que chorar numa horta, logo cedo, é, literalmente, chover no molhado, afinal, houve o sereno da noite e...

Deixei Mike falando sozinho e me afastei, tentando me controlar para não fazer besteira. Já estávamos saindo do colégio, tentei alcançar Amy no portão, mas ela já tinha entrado no carro de sua mãe. Vi que ainda chorava. "Amanhã, eu falo com ela", decidi na hora em que Jack Love tocou meu ombro:

— Então, hoje à tarde você vai lá em casa?

— Ah, claro! – respondi com naturalidade, mas tinha até esquecido que nosso grupo – eu, Jack, Eddie e Tom – precisava planejar o vídeo que faríamos na quinta para a aula de Redação.

Nossa reunião foi animadíssima! A casa de Jack Love, no alto da montanha mais alta da cidade, é muito legal! Ou, como diz Tom Fedder, é uma "cabana bacana". Tom, aliás, foi o principal responsável pelo sucesso de nossa reunião: o cara é muito criativo!

A proposta era fazer um filminho policial. Tom conseguiu roteirizar um curta de ação, suspense, humor e alguns sustos – garanto que o Doutor ia gostar! Teríamos um pouco de trabalho para gravar e, principalmente, para editar tudo, mas duas coisas nos inspiravam: o entusiasmo do professor Will ao propor o trabalho e a energia que brota naturalmente quando pessoas de bem se unem por uma boa causa. O termo "pessoas de bem" eu tomo emprestado do repertório de denominações bombásticas de Eddie Good, ele sempre sai com cada uma!

A tarde passou rápido, recheada com pipoca, guaraná, *hot dog*, chocolate, muita risada e, claro, os gases "mortais" de Tom Fedder. Já estava anoitecendo quando Eddie e Tom foram embora. Eu precisava falar a sós com Jack, por isso, fiquei enrolando até os outros saírem.

É que quando estava indo para a montanha, na minha bike, no começo da tarde, tivera a ideia que mudaria a minha vida para sempre!

— Jack, você já sabe qual será sua "eleita" esta semana? – perguntei sem rodeios.

Ele fez uma cara de surpresa, não costumávamos falar sobre isso:

— Não. Não é algo planejado, sabe, acontece. Acontece naturalmente.

— Eu tive uma ideia pra... pra conquistar Lisa Sky de uma vez por todas. Mas vou precisar da sua ajuda.

— Amigo é para essas coisas – ele disse, sem muita convicção.

— Lisa precisa ser sua escolhida da semana. Você traz Lisa aqui pra sua cabana no sábado, eu apareço e abro meu coração.

— Uma armadilha.

— Pode ser. Ouvi uma música do Djavan outro dia:

O amor é um grande laço, um passo pra uma armadilha, um lobo correndo em círculos pra alimentar a matilha....

— Parece que o lobo, neste caso, sou eu.

— Que não vai devorar ninguém. Desta vez, só vai alimentar o filhote aqui.

Foi a única hora em que Jack ficou sério:

— Fique sabendo, Bob, que eu não devoro as garotas. Apenas mostro a elas que existem a fome e o paladar, a migalha e o banquete. Que temos o dom do paladar e a dignidade do banquete, e não fomos feitos para a fome nem para a migalha. Somos mais, muito mais. Nesta montanha, mostro a elas a grandeza que temos. E elas ficam fascinadas com a vista daqui.

Jack Love é um cara excepcional! E, devo acrescentar, misterioso. Perdeu os pais quando era bem menino, num acidente de carro. Hoje, vive na cabana, que é só uma pequena parte da enorme fortuna que herdou. Existe uma pessoa, mais misteriosa ainda, que cuida dele, mora na cabana ou o visita sempre, eu não sei direito, afinal, ninguém nunca viu essa mulher, uma tutora a quem ele chama de Save Love...

Paladar, banquete... Fui embora pensando num modo de mostrar a Amy que não fomos feitos para a fome e nem para a migalha.

QUARTA

CAPÍTULO 12

"A melodia capaz de fazer você dançar"

Na quarta, aconteceu de novo.

Disse a Helen Great que precisava chegar mais cedo à escola para tirar umas dúvidas de Português com Eddie, já que tínhamos prova na primeira aula. Mas o motivo de minha pressa na verdade era outro: queria falar com Amy Blue e sabia que ela era uma das primeiras a chegar ao colégio.

Tinha sonhado que Amy se afogava num lago escuro, que mais parecia um mar revolto. Lembrei-me de um poema de Mario Quintana que dizia:

Quem faz um poema salva um afogado...

Acordei de madrugada e escrevi uns versos, ainda sob impacto do pesadelo. Era importante entregá-los o quanto antes para minha amiga.

Acontece que Helen Great é tão calma e gentil ao volante que deixava todos os carros nos ultrapassar, permitindo, inclusive, que nos fechassem. E eu fui ficando irritado com aquilo.

— Você não pode ir mais rápido, Helen?

Ela não me ouviu. E como conseguiria? O volume do rádio era muito alto: parecia até que *Evanescence* fazia um *pocket-show* só para a gente, berrando *Bring me to life* a plenos pulmões!!!

Para ajudar, o trânsito estava caótico. A cidade tinha amanhecido "toda em contramão", como cantou Chico Buarque: "homens com raiva, buzinas, sirenes, estardalhaço"...

Fiquei tão possesso que o rádio explodiu! Helen ficou branca e afundou o pé no acelerador. À nossa passagem, os motoristas apertavam alucinadamente suas buzinas, mas elas não funcionavam mais! Reinava o silêncio no nosso carro, reinava o silêncio no mundo. Parecia um filme em câmera lenta: só o nosso carro deslizava pelas ruas, quase flutuando, mas a uma velocidade que minha segunda mãe jamais ousara dirigir.

Uma freada brusca denunciou que tínhamos chegado. Helen ajeitou os cabelos, mirando-se no retrovisor. Eu agradeci a "corrida" e parti para o portão da escola. Ao meu lado, uma garota que acabara de dizer tchau a sua mãe: Amy Blue.

— Amy, quero falar com você...

— Depois. Estou com dor de barriga – e correu para o banheiro.

Admirei sua resposta, mas ela estava mentindo.

Contrariado, caminhei até o campo de futebol – sempre curti lugares amplos e desertos – e fiquei ali pensando: "De que adiantou calar *Evanescence* e silenciar todas as buzinas se Amy não quer me ouvir?".

— Bob, você sabe a diferença entre Oração Subordinada e Oração Coordenada?

Rezei para não ficar furioso. Voltei-me, era o pobre Matteo More, cabisbaixo, os olhos metidos na página 27 da apostila, preocupadíssimo com a prova de logo mais.

— É simples (a definição, não o período): a Oração Subordinada não vive sem a Principal, é subordinada, ligada a ela. A Coordenada consegue se virar com as próprias pernas, sobrevive sem a outra, pois tem sentido completo.

Parece que ele entendeu: agradeceu e afastou-se em silêncio. Eu demorei um tempo pensando que somos tão subordinados nesta vida. Precisamos de tanto para viver. Será que alguém consegue coordenar bem a falta de tanta coisa? Bob, o pensador! (Só que livremente inspirado em divagações da professora Mel Books).

De repente, senti uma saudade de minha mãe. Por onde andará Kate Dreams? E pensei melancolicamente em meu pai. Será que Stay Forever sente falta de sua amada foragida?

Quer saber, Doutor? Eu precisava me impor!

Assim que terminei a prova de Português (a professora Mel Books até que pegou leve), procurei Amy por toda a escola. Blue tinha sido a primeira a entregar a prova e estava lá na quadra, sentada na arquibancada, ouvindo Paula Fernandes em seu celular:

Eu quero ser pra você a alegria
de uma chegada, clarão trazendo o dia,
iluminando a sacada...

— Amy, não fuja de mim. O que eu tenho a dizer é muito, muito importante.

Ela apenas levantou os olhos – não consegui decifrar nada daquele olhar. Paula Fernandes continuava:

Eu quero ser sua paz, a melodia capaz de
fazer você dançar...

— Desligue isso, por favor.

Ela desligou.

Gelei. Pensei em pegar o poema que estava guardado no bolso da calça, mas eu tinha decorado os versos, podia declamá-los e... Eu emudeci.

— Entendi... – murmurou Amy, levantando-se. – Você não tem nada a me dizer e nunca terá. Fique tranquilo: já estou sepultando o... o... Aquilo que eu sentia por você.

O senhor não imagina a tristeza com que ela disse isso. Parecia um pássaro abdicando de seu canto e do voo, fechando-se numa gaiola por vontade própria, resignado, derrotado.

— Amy... "Somos tão jovens..." – Não sei de onde me veio Renato Russo naquela hora. – É, leve isto, por favor. Escrevi pra você, de madrugada.

Ela hesitou por um segundo, pegou o poema e saiu correndo. Dor de barriga de novo? Nada disso: percebi um soluço.

Mais tarde, notei flocos de neve no nosso gramado. Flocos de neve?! Era meu poema rasgado em pedacinhos. Será que Amy nem tinha lido minha obra de arte da madrugada? Para nada serviram o pesadelo, o rádio sacrificado, o trânsito aplacado, a saudade de minha mãe? Quanto egoísmo de minha parte. Nem tudo existe para servir aos nossos caprichos.

Amy Blue desistira de me amar. Eu precisava aprender algo com isso.

CAPÍTULO 13

Como um anjo

Mark von Hell atacou outra vez.

Melyssa Brum apresentava sua dissertação sobre intolerância, explicando que o *bullying* é uma atitude desumana porque nega a diversidade, agredindo aquilo que é visto como diferente diante do que a sociedade considera normal.

— É como se as pessoas tivessem um termômetro com o qual medissem até que ponto podemos ser diferentes – dizia a garota, exibindo num telão fotos de punks, góticos e emos. – Difícil é saber o critério de aferição desse termômetro. O que temos visto são parâmetros monstruosos, ou seja, preconceitos e mais preconceitos.

— Mas você não acha que o direito à diversidade que permite a você ser assim tão esquisita também confere a mim a possibilidade de refutar aquilo que não agrada a mim? – perguntou Mark von Hell, surpreendendo a todos pelo seu raciocínio e pelas palavras empregadas.

— O que você entende por refutar? – replicou Melyssa. – Seria apenas discordar ou perseguir, humilhar aqueles que não lhe agradam?

-Tudo vale a pena se a alma não é pequena!

Todos ficaram boquiabertos com os versos descontextualizados de Fernando Pessoa na argumentação de Mark, que prosseguiu:

— Eu tenho mais é que garantir a higiene de meu espaço geográfico. Pela minha saúde, pela saúde dos meus semelhantes. Eu disse semelhantes. Se for preciso, sim, vamos banir as aberrações! Já vivemos num mundo tão perdido...

Foi a vez de o professor Will Heart intervir:

— Mark, um mundo perdido começa na intolerância. Perceba a frieza do que você disse: "garantir a higiene de meu espaço geográfico". O seu espaço geográfico também é meu, "há espaço pra todos, há um imenso vazio", como dizia um rock dos anos 80. É vazio e equivocado o coração de quem acha que só importa o seu modo de ver, o seu modo de sentir o mundo.

— E ainda que o outro possa estar errado, cabe a cada um de nós indicar o caminho certo, e não discriminar – apontou Eddie. – Gosto muito de um pensamento da doutora Zilda Arns:

Amar é acolher, amar é compreender,
amar é fazer o outro crescer.

— Quem está falando de amor aqui? – indignou-se Mark.

— Estamos sempre falando de amor, cara – eu declarei, olhando bem firme nos olhos dos meus amigos, demorando-me um pouco mais sobre o rosto – indecifrável – de Lisa Sky.

O professor sorriu:

— Você me fez recordar Mario Quintana, Bob. No poema *Se o poeta falar num gato*, ele diz que todos os poemas falam de amor.

— Vocês estão viajando, nada a ver isso aí! – continuou discordando o tapado von Hell.

Aquilo foi me irritando, Doutor.

Melyssa tentou concluir:

— Enfim, o *bullying* precisa ser eliminado justamente por ser uma negação de tudo o que não pode ser eliminado, mas respeitado, até mesmo quando há erro. Erro maior é não tolerar. Soluções não nascem da intolerância, mas do debate, do diálogo.

— E você escolheu esse tema só porque é a garota mais sinistra do colégio. Conta pra gente: você é vampira ou apenas a Miss Palidez do *Moon River*?

Melyssa ficou ainda mais branca! E meus olhos, muito, muito vermelhos! Minha porção Kurt desejou que Mark desaparecesse daquela sala, deixando-nos em paz. NUM PISCAR DE OLHOS, ELE NÃO ESTAVA MAIS ALI!

O professor ficou mudo; Melyssa, transparente; ninguém entendeu nada – exceto Eddie Good, que cochichou ao meu ouvido:

— Seja mais tolerante, Bob. Pra onde você o mandou?

— Acho que pra casa – respondi. Mais tarde me arrependi do que tinha feito.

Ficamos sabendo depois que Mark foi encontrado deitadinho num dos bancos da igreja matriz da cidade, dormindo como um bebê...

QUINTA

CAPÍTULO 14

Por que você não disse não?

Frida saiu correndo como uma louca, mas de louca não tinha nada: estava tentando se salvar de Boy Crazy. Inconformado com o fim do namoro, o rapaz queria capturar a ex-namorada e mantê-la refém em sua cabana, no alto da montanha. O plano era chamar a atenção da imprensa para sua história de amor e se declarar em rede nacional para a garota da sua vida! Só que Frida não queria ficar famosa, queria mesmo era distância de seu ex, então, entrou na mata correndo como uma louca.

Teve um momento em que ela olhou para trás e não mais avistou Boy Crazy. Ofegante, olhou para todos os lados, e nada. Respirou aliviada, passou a mão pelo rosto quente e suado, agachou-se sobre a relva.

— Eu sabia que você não ia longe!

Boy Crazy estava diante dela, com um livro na mão. Frida ameaçou levantar-se, mas ele acertou-lhe uma livrada na cabeça, e ela quase desmaiou.

— Desculpe! Não queria machucar você. Ouça o que eu tenho a dizer, por favor.

Como estava zonza, deitou-se sobre a rala vegetação para tentar descansar e quem sabe reunir forças para uma nova fuga. Olhava assustada para o ex-namorado, que abriu o livro e leu em voz alta, emocionado:

"Quero que todos os dias do ano/ todos os dias da vida/ de meia em meia hora/ de 5 em 5 minutos/ me digas: Eu te amo."

— CORTA!

Tom Fedder rolava no chão de tanto rir! Nosso diretor, definitivamente, esquecera o significado da palavra profissionalismo.

Para mim, não era fácil encarar aquele figurino e ainda viver com intensidade o meu papel, mas procurava fazer tudo direitinho. Para interpretar Frida, eu tive de colocar uma peruca rosa e duas bolinhas de tênis como seios no sutiã de Helen Great, além de um vestidinho amarelo que emprestara de Sarah Down! Jack era o ex-namorado psicótico com uma camiseta do *Guns N' Roses* e um livro de Carlos Drummond de Andrade. Eddie Good filmava tudo, Tom dirigia as sequências de olho no roteiro já amassado em suas mãos. Na verdade, tentava dirigir, depois daquele acesso incontrolável de riso.

— É que você ficou uma garota incrível, Bob! E, quando caiu, eu vi sua cuequinha branca!

Antes que eu ficasse bravo com o diretor, Eddie me deteve, entusiasmado:

— Ficou muito legal a aparição repentina do Jack! – comentou, mostrando a cena na câmera. – Vou colocar uma trilha bem sinistra. Olhem a cara de susto da Frida, ou melhor, do Bob!

— Nenhuma violência tem graça – completou Tom, agora sério.

— Vamos acabar isso logo – resmunguei pouco à vontade com aquela situação.

Mas a gravação se estendeu por toda a tarde, entre risos, broncas, interrupções e muitas, muitas cenas refeitas. Foi bem cansativo, porém dizer que não foi divertido seria mentira. Gravamos tudo ali nos arredores da casa de Jack Love – e não poderia haver locação mais perfeita!

Já estávamos indo embora – eu, Eddie e Tom –, quando Jack me chamou para um canto e disse:

— Ela topou.

— O quê? – perguntei instintivamente, mas já sabia do que estava falando. Lisa Sky aceitara visitar a cabana de Jack no sábado. O sim de Lisa, como sabemos, mudaria para sempre a vida de todos nós, os Doze do *Moon River*. Especialmente, é claro, a vida da própria Lisa (que saudade, meu amor!) e a minha (que enrascada, rapaz!).

De repente, bateu uma tristeza, Doutor... É que só agora me dei conta de que, nesse esforço que venho fazendo para recordar tudo o que aconteceu na última semana, estou chegando perto do dia em que Lisa vai... desaparecer. Ah, se eu pudesse esticar o tempo, adiando o dia de ontem, o fatídico sábado – ou, melhor ainda, se eu pudesse riscar esse dia do calendário...

Lisa, por que você não disse não?

— Foi difícil convencê-la, Bob. Insisti, disse que precisava muito recebê-la em minha cabana para vivermos uma experiência inesquecível. Por fim, ela falou simplesmente: "Vamos lá acabar com esse mistério".

Ah, e pensar que o mistério estava só começando.

SEXTA

CAPÍTULO 15

Pelo bem da figura

Na sexta, acordei aflito! Meu peito parecia o estouro da boiada: um tropel desordenado, uma ânsia de fugir não-sei-de-quê-e-não-sei-pra-onde, um desespero só! Simples de entender: tinha acabado de ter um pesadelo horrível (e acaso existe pesadelo legal?).

De onde vêm essas assombrações, Doutor? Da culpa, alguém irá dizer, daquilo que à luz do dia nada tem a ver com bons sonhos – então isso volta à noite para nos atormentar. Será? Minha culpa é sentir raiva e mudar o curso das coisas? Também não sei de onde vem isso!

O fato é que – ou o pesadelo é que – estávamos todos reunidos numa praia, os Doze do *Moon River*, ao redor de uma fogueira, debaixo de um céu trincado de estrelas. De repente, Amy Blue esticou o braço, apanhou uma estrelinha e me ofereceu de presente. Lembro-me de sua mão derramando luz por entre os dedos! Eu, educadamente, disse não. Aprendi não sei onde que é educado recusar primeiro e aceitar efusivamente depois. Amy ficou furiosa, transformou-se num dragão e partiu para cima de mim, cuspindo fogo!

Saímos todos correndo, entramos no mar como meninos curtindo um domingo de sol (só que era noite e estávamos desesperados!). Nadamos como loucos, fugindo das chamas de Amy que tentavam vencer as ondas, mas o mar as apagava! De repente, ouvi um grito de dor: alguém fora atingido. O cadáver foi atirado em meus braços pela arrebentação. Eu primeiro recusei aquele corpo – mas, ao ver seu rosto pálido, tratei de agarrá-lo com todas as forças! Era Lisa Sky! Era Lisa Sky morta em meus braços!

Foi o momento do estouro da boiada! Antes de acordar, ouvi uma gargalhada diabólica e avistei Mark von Hell montado no dragão, empunhando uma espada. Era o senhor do dragão ou estava ali para dominá-lo? Alguém gritou meu nome: "Boooooooooooooooooob!". Era a voz de minha mãe, era a voz de Kate Dreams! Procurei-a em toda parte, mas aí o dragão grunhiu, Mark gargalhou, o mar me encobriu e a Lisa soluçou, a Lisa soluçou!

E eu acordei aflito, Doutor...

Não sei se narrar um pesadelo, a essa altura do campeonato, vai fazer alguma diferença, mas agora já foi. Só sei que tentei me acalmar e não consegui. Levantei-me para ir ao banheiro, tropecei no Bob Foots, quase caí. Não o xinguei porque meu skate não tinha culpa de nada, aliás, até pedi desculpas ao Bob. Ele me sorriu com as quatro rodinhas arriadas. Fui ao espelho, meu cabelo estava muito doido, todo embaraçado! "Acho que foi o mar", pensei. Lavei o rosto, já estava mais calmo. "Ei, Bob, foi só um pesadelo." Tomei um banho, escovei os dentes, desci para o café.

Lya Great estava na sala, mas de olho na escada, a minha espera. Abriu os bracinhos assim que me viu. Preparei-me para o abraço, mas ela fingiu que estava apenas se espreguiçando.

— Ah, não quer o meu abraço? – perguntei.

— Querer eu quero... – ela respondeu, sorrindo, para fechar a cara logo em seguida. – Mas vou me castigar por... uma causa pobre.

— Uma causa NOBRE! – gritou Helen lá da cozinha.

— Como assim? Não entendi, Lya.

— Você só vai ter meu abraço de novo se fizer um poema para mim.

Eu achei engraçado, mas realmente não estava entendendo. Meu pai logo apareceu com a explicação:

— Bom dia, meu filho. E desculpe aí, mas, ontem,

seu PC estava ligado, o poema na tela; como você sabe, Lya está aprendendo a ler, ela me perguntou o que queriam dizer todas aquelas letrinhas... Coitada da Amy, hein. Das duas, uma: ou foi correndo chorar no banheiro ou virou um dragão furioso e destruiu seus versos! Aliás, pode ter feito as duas coisas!

Sinceramente, nunca pensei que meu pai fosse tão sábio!

Só sei que tudo isso – a manha de Lya e a sabedoria de Stay Forever – me deixou ainda mais encucado com o pesadelo.

Será que Lisa corria perigo?

Antes de ir para a festa na casa de Betty Holmes, imprimi novamente o poema feito para Amy Blue e o li para Bob Foots. Notei que meu skate bocejou, daí nem tive coragem de lhe perguntar se tinha gostado – a indiferença é uma arma perigosa. Mesmo assim, quero recitar o poema para o senhor, Doutor. Pode servir para alguma coisa. O professor Will Heart vive dizendo que a poesia ainda vai salvar o mundo! Tomara que ela salve a minha pele!

UM NOVO AMOR PARA AMY

Mais que sombra, somos a figura
E a luz reside em nós.
O amor pode ser uma loucura,
Mas ai de quem calar sua voz!

Por isso, é preciso publicar
O nosso amor pra quem quiser ouvir.
Ainda que tentem nos impedir de amar,
Pior seria não ser capaz de sentir!

Todavia, precisamos entender
O amor só é bom quando faz bem.
Que triste amar sozinho, sofrer...
Esse tipo de amor não convém!

Mais que sombra, somos a figura.
E nossa luz, nada pode diluir.
Querer ser feliz não é loucura:
Um novo amor há de vir!

CAPÍTULO 16

Só o coração

Ah! Nada como uma festa para esquecer os problemas! Ou, pelo menos, tentar esquecer...

Preparado para as emoções do aniversário de cinco anos do irmãozinho de Betty Holmes? Coração e olhos bem abertos, hein, afinal, todos os suspeitos da... desgraça ocorrida com Lisa Sky estiveram no sítio dos Holmes naquele feriado de sol, calor, surpresas e muita, muita curtição!

Curtição, sim, porque ninguém ali poderia prever a desgraça que se abateria sobre nossas vidas no dia seguinte, o fatídico sábado (gostei dessa definição). Ou melhor, apenas um sabia de tudo, pois deve ter planejado durante toda a semana.

E esse "um" não sou eu, de jeito nenhum, Doutor Feels. Repito, com toda a sinceridade do mundo: EU NÃO MATEI LISA SKY!

Bem, para começar, preciso apresentar Gui Holmes, o aniversariante do dia. Logo que cheguei à chácara, notei a palidez do menino. Fiquei sabendo depois que ele enfrentara um gafanhoto durante a noite! Ele estava em seu quarto, com a janela aberta, conversando com um amigo na internet (ou seja, com várias outras janelas abertas), quando um intrépido gafanhoto invadiu seu quarto à procura de sua própria morte.

É, Gui tentou devolver o inseto para o jardim, espantando-o com um caderno, mas o bichinho, coitado, acabou voando na direção do ventilador e morreu decepado por uma das hélices do aparelho (que estava ligado na velocidade máxima!).

— Quando olhei lá para fora, vi a família dele na calçada, todo mundo querendo saber notícias – contou o garoto. – Foi muito triste! Entreguei o cadáver para eles, explicando que foi um acidente, afinal, eu não queria machucá-lo. A esposa entendeu, mas o filho ficou me olhando com uma cara feia – e resmungou um juramento: "Eu vou destruir todos os ventiladores do mundo!".

Por causa dessa história, Gui pediu aos seus pais um presente inédito: uma tela contra insetos para sua janela! "Se também fosse fácil assim protegê-lo das janelas abertas em seu computador", pensei logo depois que Betty Holmes me contou essa história.

E ficaria viajando assim por um bom tempo se Mark não tivesse empurrado Melyssa Brum na piscina. É a coisa mais comum de se fazer num churrasco à beira da piscina, eu sei, mas Mark pegou pesado: Melyssa estava com um copo de suco de tomate numa mão e um livro na outra. E, ao empurrá-la, ele ainda gritou como um doido:

— Melyssaaaa... BRUM! Já era, branquela!

Ele ainda estava se achando, exibindo seu corpo sarado e dizendo para todo mundo que seus óculos de sol eram de Ibiza.

Meus olhos foram ficando vermelhos...

— Você andou fumando, Bob? – Eddie Good só queria me acalmar.

Conseguiu. Era um dia de festa, não tinha por que me estressar. Preferi então admirar a elegância de Matteo More, que ajudou Melyssa a sair da piscina e ainda lhe ofereceu uma toalha. A menina agradeceu e aceitou sua gentileza, mas estava mais preocupada em salvar o livro, colocando-o imediatamente sobre uma mesinha para secar ao sol.

— Já vi que o amor está no ar...

Fui entender melhor a observação de Betty Holmes quando avistei um casal conversando animadamente num dos quiosques distribuídos pelo imenso gramado que rodeava a casa. Mike Fish e Amy Blue riam alto, as cabeças quase coladas, olhando, no *Insta* da escola, as fotos do festival *Rock é Atitude!*

"Então, ela leu meu poema!", vibrei, dando um soco no ar. "Ela aceitou meu conselho! E eu estou livre para Lisa Sky!", vibrei ainda mais, controlando-me para não correr até o portão e abraçar quem chegava naquele instante!

Não corri, mas fui me encaminhando para lá, onde já estava Betty Holmes abrindo os braços, espalhafatosa como sempre, para... uma garota que eu nunca tinha visto antes! Vi que ela quase rejeitou o abraço de Betty, toda tímida, abaixando a cabeça. De nada adiantou: Betty abraçou-a mesmo assim, e ela apenas sorriu delicadamente.

Eu fiquei parado no meio do jardim. Vou ou não vou cumprimentá-la? Não fui. Escondi-me atrás de umas roseiras, fiquei admirando a garota que chegava: morena da pele clara, cabelos e olhos castanhos, rosto de anjo, caminhar de princesa, mas com a firmeza de uma guerreira. Sim, ela era uma mistura de doçura com... bravura!

— Mark, você me paga! – gritou assim que avistou o garoto jogando pebolim com Tom Fedder.

— Ih, fedeu! – escutei Mark resmungar. – Prima, eu posso explicar...

Prima? Aquela menina linda era prima do Mark von Hell? Como? Parecia que ela tinha caído do céu...

— Pensou que eu fosse ficar em casa jogando XBOX?! – continuou a garota, com o rosto quase colado à fuça do atrapalhado Mark. – Eu primeiro quebrei seu XBOX e agora estou aqui! Por que não me esperou?!

— Você não saía nunca daquele quarto, Vicky! – choramingou o primo, afastando-se da menina e caminhando para a piscina.

— Foi assim, Betty – ela disse, voltando-se para minha amiga, que fazia cara de preocupada, mas estava louca para cair na gargalhada. – Eu realmente demoro a escolher meu biquíni. Porque eu tenho muitos? Não, porque eu tenho três, e amo os três! Enfim, o Mark nunca será capaz de entender isso. Pegou a bike dele e me deixou lá. – E encarando o primo novamente: — Está com vergonha de sua priminha? Você não viu nada! Aliás, por falar em ver...

Foi quando ela finalmente notou, na testa de Mark, os "óculos de Ibiza".

— Devolve os óculos da nossa bisa!!!

Ah, ninguém é de ferro: Betty Holmes deu um grito e uma gargalhada tão alta que até os cachorros da sua casa – quatro labradores e três vira-latas – vieram ver o que estava acontecendo. Aliás, todo mundo se aproximou para assistir à cena e rir à vontade: Mike, Amy, Matteo, Melyssa, Sarah, Jack, Tom, Eddie, eu...

— Um barraco, que legal! - gritou o Gui, eufórico.

Parece que a palavra "barraco" fez Vicky cair em si, retomando a timidez e a delicadeza que eu notara lá no portão. Ela colocou os óculos de sol e, enquanto Betty a apresentava para a galera, voltou-se para o lado onde eu estava. Que estranho, parecia olhar só para mim!

E bastou Betty dizer meu nome para Vicky abrir um lindo sorriso:

— Muito prazer, Bob!

Eddie até pisou no meu pé! Eu sorri, pensei em algo para dizer, mas Sarah me interrompeu com uma notícia:

— Olha lá, gente, a Lisa chegou!

Pronto! Não havia mais ninguém naquela festa. Olhei rapidamente para o portão e, desta vez, não pensei duas vezes: saí correndo como se fosse abraçar e cobrir de beijos a minha namorada! Mas controlei meus impulsos assim que me aproximei, a tempo de ouvir a mãe de Lisa, Lucy Sky, que manobrava o carro, despedir-se da filha com essas palavras:

— Lisa, não há fórmulas nem teoremas que nos indiquem o que só o coração pode resolver!

Eu não contei? A mãe de Lisa é professora de Matemática. E poeta!

CAPÍTULO 17

Qualquer um pode morrer

Lisa passou por mim. Disse o "oi" mais básico do mundo, sem nem olhar para minha cara, deu um beijo em Betty e seguiu para perto da piscina, onde abraçou Melyssa e Sarah e cumprimentou os outros. Preciso dizer de novo: Lisa passou por mim. Entendeu? Eu fiquei ali parado, como quem espera – e perde – um trem. "Um trem bão", diria meu primo Johnny Fool. Lisa passou por mim como um trem muito veloz!

Claro que eu fiquei passado. Melhor dizendo, mal passado, nublado, triste. E permaneci assim durante quase todo o churrasco. Até na hora do "parabéns a você" e da balada na pista de dança, onde todo mundo pulou que nem doido. Só que, claro, sou ator: ninguém notou minha tristeza. Exceto o enigmático Matteo More, que chegou a recitar Camões:

O amor é um fogo que arde sem se ver/
é ferida que dói e não se sente/
é um contentamento descontente/
é dor que desatina sem doer.
É um não querer mais que bem querer/
é solitário andar por entre a gente.

Fiquei mudo, olhando para ele, que então explicou:

— Eu sei como você se sente: um estrangeiro em seu próprio país. Também me sinto assim várias vezes no meu dia. O único consolo é ter a dor como uma neblina que nos revela a poesia, que transforma o nosso olhar, que nos faz perceber a vida sob outro ponto de vista, outra forma de sentir. Eu tenho escrito cada coisa, Bob!

— É?

Eu não sabia o que dizer, foi como se de repente eu estivesse nu diante do meu colega. Então, eram assim tão claros meu amor e meu desapontamento? Meu skate detonado? Meu rio sem mar? Meu coração magoado? Tratei de me afastar de Matteo, intimidado, assustado, mais triste ainda.

Alguém assim taciturno, como diria a professora Books, tende a ser mais observador que um detetive.

Por isso, neste instante, Doutor, atrevo-me a brincar de Sherlock Holmes – e passo a narrar as atitudes que agora, à luz da memória e dos fatos transcorridos, considero suspeitas, muito suspeitas. Não sei se o senhor concordará comigo, mas como disse, quero brincar, brincar de Sherlock Holmes.

Mike Fish não desgrudou de Amy Blue durante toda a festa. Na balada, chegaram a se beijar. Mas parecia agitado: toda hora estava teclando no seu *celular* – e não deixava Amy ver o que ele digitava. Ele nunca foi de fazer isso. Adora conversar com todo mundo, disparando suas observações muitas vezes inconvenientes. A única do dia: perguntou ao pai de Betty Holmes como se sentia morando numa casa tão luxuosa, mas com uma filha que adorava Big Brother e nunca lera um Machado de Assis.

Amy Blue só se afastava de Mike quando este ia ao banheiro ou a impedia de ler as mensagens que enviava não sei para quem. Posso estar enganado, mas ela me procurava com os olhos a todo instante. Quando nosso olhar se cruzava, disfarçava e bebia um gole de suco – teve uma hora em que entornou um copo vazio!

Como era de se esperar, Mark von Hell ficou na cola de Lisa o tempo todo. E ela sempre tentando livrar-se dele. Para isso, tinha a ajuda de Melyssa Brum e Sarah Down: elas conversaram muito. Cheguei a ouvir as três marcando um cineminha para domingo à tarde: veriam um filme de terror sugerido por Melyssa! Mark comemorou, esfregando as mãos e dizendo que também iria. Eu vi Tom Fedder balançando a cabeça como quem diz: "que vacilão!".

Ah, claro que Tom Fedder tinha que aprontar: encontrou uma pequena valeta no meio do jardim, por onde corria um riozinho de água barrenta. Ele deitou e rolou nessa valeta como um porco, ficou coberto de lama e... pulou na piscina! Imagine como ficou a água! Os amiguinhos do Gui, uns vinte pirralhos, adoraram a ideia e fizeram a mesma coisa: chafurdaram na lama e mergulharam na piscina, que mais parecia um esgoto a céu aberto!

A atitude suspeita de Tom? Ele pediu desculpas para todo mundo! E disse para Lisa Sky que era mesmo um idiota.

Eddie Good só não percebeu minha tristeza (que vacilão) porque não tirou os olhos do livro *Cem Sonetos de Amor*, de Pablo Neruda. Ele tinha dito na quinta que leria Neruda para tentar entender o sentimento "avassalador" que estava mexendo tanto comigo. "Eu nunca vou amar alguém na vida", vive dizendo por aí, todo confiante. Coitado.

Toda vez que digo "coitado" lembro-me de Matteo More. Quietão, na dele, estava sempre por perto de Mark, Mike e Tom, seus amigos da banda *Blackmind*. Sorria das maluquices dos outros e não foi capaz, é claro, de aprontar nenhuma. Chegou a conversar um pouco com Lisa, mas vi que o tema era "aquecimento global" porque Betty Holmes entrou na conversa e disparou: "O pior é esse calor! Ou melhor, o melhor é esse calor: vou tirar a roupa!". Todo mundo fez barulho, mas ela só ameaçou baixar o biquíni – e saltou na piscina imunda!

A exemplo de Eddie Good, Jack Love também levara um livro: a *Antologia Poética de Cecília Meireles* que eu lhe emprestara. "Vou escolher um poema bem legal para você impressionar a Lisa", ele me disse. Mas o flagrei olhando fixamente para Vicky, a prima do Mark.

Quase no fim da festa, Vicky veio falar comigo. Lembro que estava tocando *One Direction*:

Baby you light up my world like nobody else/ The way that you flip your hair gets me overwhelmed/ But when you smile at the ground it ain't hard to tell/ You don't know, oh, oh/ You don't know you're beautiful!

Todo mundo pulava na pista – inclusive Lisa Sky! Quem visse sua empolgação, acharia que ela era a menina mais feliz do *Moon River*! Eu estava encostado à parede, tomando uma vitamina, e viajava com a música e com a imagem de Lisa dançando – parecia um clipe dirigido por Danny Boyle! –, quando Vicky se aproximou e disparou:

— Bob Kurt, sempre gostei do seu nome: tudo a ver juntar Bob Marley e Kurt Cobain numa só pessoa! Eu queria muito conhecer você.

Aquilo me surpreendeu:

— Você já tinha ouvido falar de mim?

— O Mark sempre fala de você...

— Sério?

— Ele se refere a você como "o meu rival". Você também é louco pela Lisa, não é?

Notei uma nuvem nos olhos de Vicky.

— Meu pai diz que é paixão de adolescente, que vai passar – respondi. – Mas eu acho que é para a vida inteira.

— Deve ser muito legal ser amada assim! Não sei como uma garota é capaz de ignorar isso... Ah, desculpe!

— Tudo bem, ela ignora mesmo, você disse uma verdade que só vai entrar na minha cabeça no dia em que eu tirar esse amor do meu coração.

— Será que um cateterismo não resolve?

Foi quando eu me assustei. Vicky sorriu:

— É que meu pai é cardiologista. Então, eu entendo um pouquinho. O cateterismo serve para desentupir as artérias. O amor pode estar fazendo isso com você.

— Então eu posso morrer.

E Vicky disse a frase mais sinistra do dia:

— QUALQUER UM PODE MORRER!

SÁBADO

CAPÍTULO 18

Agora ou nunca!

Ontem choveu o dia inteiro, Doutor; se o senhor estava na nossa cidade, é claro que sabe disso... Eu fiquei em casa, mexendo no PC, ouvindo Coldplay, decorando versos de Cecília Meireles. E o tempo todo com a imagem de Lisa dançando diante de meus olhos, dançando só para mim!

Passei o dia contando as horas e os minutos, ansioso pelo encontro marcado para as sete da noite. Ah, como eu tive medo de que a chuva pusesse tudo a perder! Agora, ao recordar tudo o que aconteceu, penso que a chuva não devia ter parado no começo da noite. Melhor seria se um temporal tivesse desabado sobre a cidade: Lisa não sairia de casa, Lisa não viria ao meu encontro, Lisa... estaria aqui agora!

Bem, o fato é que, assim que a chuva abrandou, eu corri para a cabana de Jack Love, eram seis horas da tarde. Ele me recebeu de um jeito estranho, parecia mal-humorado. Talvez estivesse arrependido por ter mentido a Lisa, talvez quisesse voltar atrás e...

— Bob, nem é! – foi dizendo, assim que eu comecei a comentar seu "jeito estranho". – Eu realmente não gosto de mentir, tanto que não costumo fazer isso. Mas tenho palavra: vamos levar essa história até o fim.

Eu não sabia o que dizer, o que fazer, então pedi para repassarmos tudo o que havíamos combinado. Jack disse que não tinha necessidade. A porta da sala estava aberta, ele não parava de olhar lá para a estrada. "Ela já deve estar chegando", murmurou, esfregando as mãos. Parecia mais nervoso do que eu.

Às sete em ponto, Lisa apareceu no portão. Eu estava escondido no quarto do meu comparsa, sondando por uma fresta da janela. Jack abriu os braços para recebê-la. Escutei-a dizendo "É assim que começa?" – e riu, recusando o abraço. Ela estava tão linda!

Quando os dois entraram na sala, apertei o *play* no programinha de música do meu *note*, começou a tocar a do Nando Reis, aquela que eu cantei no festival:

Quando aconteceu?
Não sei. Quando foi que eu deixei de te amar?
Quando a luz, o poste não acendeu...

— Tem mais alguém aí? – Lisa perguntou.

— Sim, o Nando – respondeu Jack, tranquilamente. – E mais um monte de gente que admiro: Vinicius de Moraes, Mario Quintana, Renato Russo, Drummond, Affonso Romano de Sant'Anna, Adélia Prado, Cecília Meireles...

— Eu amo Cecília Meireles!

Onde aconteceu? Não sei. Onde foi que eu deixei de te amar? Dentro do quarto só estava eu...

— E então, Don Juan da Montanha? Agora você vai me servir uma bebida? Pedir que eu fique à vontade...

— Calma, Lisa. Não é por aí. Se fosse, eu teria colocado Wando!

Os dois caíram na risada. Eu não consegui rir, estava até tremendo, temendo a reação de Lisa quando descobrisse a emboscada!

A gente não percebe o amor que se perde aos poucos sem virar carinho...

— Você terá de voltar outro dia – disse Jack de repente, elevando o tom de voz para ter certeza de que eu o ouviria. Era o sinal para que, dali a pouco, eu entrasse em cena!

— Como assim?

— Porque, hoje, eu não vou fazer com você tudo

o que eu faço com as garotas que vêm me visitar. Eu mostro a elas que toda mulher nasceu para ser admirada, respeitada, amada, como são as flores, as heroínas das histórias de amor que vemos nos livros, nos filmes.

Lisa ficou calada por alguns instantes. Mas ainda não entendera:

— Se você não vai me mostrar...

— Outra pessoa fará isso no meu lugar, Lisa. Por favor, não fique brava comigo, muito menos com ele. Por amor, a gente é capaz de cada coisa...

Era a minha hora!

Quando saí do quarto, Nando Reis dizia que

Tornar o amor real é expulsá-lo de você
pra que ele possa ser de alguém.

Eu sabia disso há algum tempo. Quando entrei na sala, Jack já tinha saído – e Lisa estava perto da janela, olhando lá para fora. Uma brisa suave remexia seus cabelos, a noite estava clara, a lua acabara de nascer e o céu enchia-se de estrelas. Tudo isso vi em questão de segundos, pois ela logo adivinhou a presença de alguém e se virou bruscamente. Fiquei branco, tinha ensaiado frases de impacto, mas só saiu um:

— Oi, Lisa.

Ah, Doutor, não fui, não sou capaz de decifrar o que vi nos olhos de Lisa Sky. Talvez ela quisesse me fuzilar... Talvez, não. Tem hora em que um talvez ajuda tanto. Eu fui me enchendo de coragem e ficando mais seguro, mais pleno, que nem o céu deve se sentir quando é tomado pela lua e pelas estrelas. "É agora ou nunca!", disse para mim mesmo. E parti para o ataque!

CAPÍTULO 19

Foi tudo culpa minha!

— Sei que eu tenho só catorze anos. Mas preciso dizer: o que eu sinto por você é muito, muito maior do que eu. Acho que nem consigo explicar como é isso...

Lisa, estática.

— Dizem que paixões adolescentes somem com o tempo, são como tempestades de areia: cegam a gente, mas passam... E voltamos a ver de novo, às vezes até arrependidos, tipo "como pude fazer isso?". Comigo é diferente: não vai passar, eu já me vi com você aos 80 anos, nós dois juntos, assistindo ao pôr do sol, numa montanha como esta, sentadinhos na grama.

Lisa, calada.

— Tenho, tenho... pesquisado sobre o amor. Sei que

muitas histórias terminam em portas fechadas na cara. Vejo o que aconteceu com o meu pai... Só que, pra mim, elas não terminam. Portas fechadas são cortes que machucam, fazem o amor tropeçar, cair, chorar, recuar. Mas ele perdura, insiste mesmo ferido, porque, como a gente vê nos filmes, o amor é eterno!

Lisa, de pedra.

— Suas portas fechadas não conseguiram sequer me fazer recuar. Você vive me tirando, Lisa, ou me evitando, sei lá... Eu não consigo me aproximar, mas, nem por isso, desisti. Sempre estive por perto, esperando o momento de lhe dizer tudo isso... Bem, faz uma semana que usei a poesia de Nando Reis pra dizer que não posso mais prender esse sentimento dentro de mim. E eu cresci tanto nesta semana! Sei que continuo aqui com meus catorze anos, meus sonhos, meus medos, meus defeitos – mas agora com esta coragem que me fez atrair você pra esta cabana, pra este capítulo cujo desfecho está em nossas mãos.

Lisa, indecifrável.

— As minhas mãos já sabem o que escrever, mas dependem das suas. Vou, vou ajudar você. Decorei uns versos da Cecília Meireles, sei que você gosta, tanto que estava lendo aquele dia lá na biblioteca...

É mais fácil pousar o ouvido nas nuvens/ e sentir passar as estrelas/ do que prendê-lo a terra e alcançar o rumor dos teus passos./ É mais fácil, também, debruçar os olhos no oceano/ e assistir, lá no fundo, ao nascimento mudo das formas,/ que desejar que apareças, criando com teu simples gesto/ o sinal de uma eterna esperança...

Lisa, finalmente:

— Eu vou embora. Não gostei da armadilha.

— Lisa...

— Isso mesmo, uma armadilha, uma emboscada! A montanha, a cabana, a música, a poesia... tudo, tudo arquitetado, montado. A lua e as estrelas são de verdade? Você apostou com alguém que seria capaz de ser Jack Love uma vez na vida?

— Lisa, você não entendeu nada do que eu disse?

— Bob, você é patético! Levou quanto tempo para decorar esse texto? Parabéns, professor Jack!

Ela deu uma risada estranha, olhando-me com um desprezo muito, muito maior do que eu!

É, acho que foi assim. Só então ela saiu para o jardim, dizendo que precisava tomar um ar. Estava indo embora, isso sim. Ao abrir a porta, o vento balançou seu vestido e seus cabelos. Que imagem perfeita – Lisa, o luar, as estrelas, o vento! Eu fiquei um tempo ali no chão, Jack chegou com um copo de água com açúcar, disse que eu não podia desistir. Parecia tão comovido, que suas mãos tremiam quando me entregou o copo. Eu recusei o calmante, mas aceitei suas palavras: não podia mesmo desistir assim tão fácil.

Porém, junto com essa resolução, veio um desejo furioso de que Lisa sofresse o que eu estava sofrendo! Ou até mais! Eu senti raiva de Lisa, Doutor, eu senti raiva da menina que eu mais amo neste mundo! E desejei que ela sofresse, sofresse... Não, eu não posso ter provocado essa tragédia, não posso! Será que eu fiz isso? Perdi o controle e... Não!

O arrependimento surgiu quase que imediatamente. Naquele instante, preferi acreditar que com ela não funcionaria o estranho poder de meu lado Kurt, nada aconteceria a ela – porque meu lado Bob a amava mais que tudo – e o amor sempre vence, não é assim que a vida funciona?!

Corri para o jardim! Como o senhor já sabe, Lisa não estava lá. Pensei que tinha descido a montanha, que fora embora mesmo, mas, ao me aproximar do penhasco, vi o que estes olhos jamais queriam ver: o corpo caído lá embaixo, nas pedras, o vestido branco manchado de sangue.

O primeiro ímpeto foi descer correndo e resgatar Lisa, ela tinha de estar viva! Mas Jack não deixou, disse que era perigoso, e eu finalmente tomei a água com açúcar. Acho que foi quando desmaiei porque não me lembro de mais nada. E só fui acordar hoje cedo, no hospital.

Isso é tudo o que sei, Doutor Feels. Tudo o que sei e também o que não sei. Professor Will diz que o narrador em primeira pessoa não pode saber tudo. Mas eu só quero saber de uma coisa: Lisa está bem, não está, Doutor? Ela sobreviveu – a menina que sobreviveu! Diga isso, Doutor: Lisa está viva!

Sei que tem uma galera aí na sala, meus amigos vieram me visitar! O senhor pode chamá-los? Eu posso ir lá? Vamos sair deste quarto, pelo amor de Deus! Eu já estou bem, foi só um desmaio. Quero ir lá para a sala.

Quem sabe Lisa não está com eles? Ela veio me visitar, ela veio me ver! Veio me pedir perdão e dizer que me ama, que me ama muito, só tem medo de amar. Eu tenho medo de odiar, porque coisas horríveis acontecem quando o ódio me domina. Eu preciso pedir perdão à Lisa. Foi ideia minha, foi tudo culpa minha!

CAPÍTULO 20

Sim ou não?

— Eu preciso que ouça isto, Sr. Kurt.

Só então notei que havia um pequeno gravador sobre meu criado-mudo. Doutor Feels pegou o aparelho, explicando que gostaria de me mostrar alguns trechos dos depoimentos colhidos antes de nossa conversa.

Fui identificando a voz de cada um dos principais envolvidos neste intrincado caso... de amor.

MARK VON HELL: Eu não sei de nada, eu não fiz nada! Nem sabia que Lisa iria à cabana do Jack... Ou melhor, sabia, mas não acreditei que ela fosse cair na armação do Bob. Garoto mais bobo nunca vi! Não tem atitude. Homem que é homem chega junto, não fica cantando musiquinha. Eu fui mais concreto: dei logo um beijo na Lisa, beijo que ela vai levar para a eternidade! Eu sou Mark von Hell, sei de onde vim e pra onde não quero ir!

AMY BLUE: É quase uma *Quadrilha*, Doutor Feels. Calma, eu me refiro ao poema de Drummond: Amy que amava Bob, que amava Lisa, que não amava ninguém... Já vi isso em tantos filmes. E não quero a sina da garota triste e sofredora, prefiro o azul de um céu mais feliz. Um céu de brigadeiro! Vou aceitar o que Mike tem para me oferecer. Jamais faria algo contra Lisa só porque Bob jamais faria algo por mim. Não tenho essa sede de vingança: isso é coisa de novela ou de filme do Tarantino.

JACK LOVE: Doutor, esclareça logo esse mistério, por favor! Não quero confusão para o meu lado, não quero decepcionar ninguém. Foi tudo uma brincadeira minha e do Bob, a gente não queria que terminasse assim. Imagine! As garotas que visitam minha cabana saem de lá apaixonadas pela vida (não por mim). Eu só converso com elas, lemos poesia e escutamos boa música. Procuro mostrar para elas a beleza singular que toda garota possui. Bem, eu estava nervoso, sim. Ainda estou! E quando Bob desmaiou, eu quase perdi os sentidos. Mas foi água com açúcar que ele bebeu, sim! Por que eu envenenaria meu amigo? Não me olha assim, Doutor. O senhor tem uma filha? É que estou estudando a obra completa de Vinicius de Moraes...

MIKE FISH: Antes de mais nada, por que o súbito interesse por esse caso? Sei que se trata de uma investigação extraoficial, mas diante de tanto empenho sou capaz de supor que haja segundas intenções envolvidas. O pai de Lisa está preso, a mãe dela é uma mulher interessante... Com todo respeito, Doutor! E eu não tenho nada para contar. Meu único erro foi espalhar um segredo. A imprensa faz isso todos os dias! E não me venha com a história das penas que o vento leva e que ninguém consegue reunir de novo. Tem muita coisa que o vento precisa levar aos quatro cantos do mundo!

MATTEO MORE: Nem tudo é como a gente quer, nem tudo sai como a gente planeja. A vida para mim tem sido isto: desencontros e desenganos. Estou meio nublado hoje, desculpe, não dormi direito. Bob Kurt ama Lisa Sky – ou pensa que ama, sei lá. Não tenho certeza de nada nesta vida. Mas uma coisa posso garantir: Bob não fez nada contra Lisa. Como eu disse, nem tudo acontece como a gente planeja. O amor, muitas vezes, é uma seta que vai pro lado errado – mas se é amor, ninguém morre, porque o amor é o contrário de morte, ainda que seja sinônimo de dor, de muita dor. Estou realmente nublado, Doutor. Mas amanhã faz sol de novo!

— Qual seu palpite, detetive? Eu não sei que conclusões devo tirar de tudo isso. Vamos lá pra sala. Diz pra mim que Lisa não morreu, que ela está bem, que Lisa está aí, não está, Doutor? Sim ou não?

DOMINGO

CAPÍTULO 21

Como uma folha de papel

Não, Lisa não estava.

Doutor Feels conduziu-me até a sala, onde muitas pessoas me aguardavam. A minha turma: Eddie Good, Jack Love, Mike Fish, Matteo More, Tom Fedder, Sarah Down, Melyssa Brum, Betty Holmes, Amy Blue, Mark von Hell e sua prima, Vicky. Todos sorriram para mim, exceto Matteo. Também estavam lá meus professores do colégio: Will Heart, Bella Crash, Teddy Numbers, Ladytime, Mel Books – e até o diretor Frank River! Ao lado de meu pai e de Helen Great (que pediram para Lya brincar no quintal), a pessoa com o semblante mais triste daquela sala: Lucy Sky!

— Eu reuni todos aqui, Sr. Kurt, porque sabia que, após seu depoimento, tudo ficaria mais claro para mim!

– explicou o detetive, exultante. – Assim que minha amiga Lucy me ligou, contando o que tinha acontecido com sua adorável filha, eu corri e interroguei todo mundo, e posso apontar agora dois, DOIS principais suspeitos, cujos nomes revelarei a seu tempo - isso se não tivermos uma confissão antes, é claro.

Todos se entreolharam em silêncio, não houve confissão alguma. Lucy Sky aproximou-se do detetive:

— Por favor, Feels, acabe com isso de uma vez.

Ele voltou-se para mim:

— Sr. Bob Kurt, seu amigo, Sr. Tom Fedder, ouviu sua conversa com Sr. Jack Love e...

— Por favor, Sherlock, pare com tanto "senhor" – interrompeu Betty Holmes, surpreendendo-nos. – Fica parecendo uma oração que, em vez de acalmar, angustia a gente.

O detetive grunhiu alguma coisa e, levemente contrariado, prosseguiu:

— Tom Fedder ouviu sua conversa com Jack Love, naquela tarde em que vocês acertaram os últimos detalhes do encontro com Lisa na cabana, e contou tudo para Mike Fish, que, durante a festa de Betty Holmes, mandou mensagens para alguns colegas, espalhando a notícia, mas pedindo segredo.

— Foi mal, Bob – disse Mike, cabisbaixo. – Troquei ideia só com a galera da banda: Tom, Mark e Matteo. Não podia imaginar que...

— Vicky também ficou sabendo – interrompeu Doutor Feels. – O fato é que, ontem à noite, mais três pessoas foram até a cabana de Jack: Vicky, Mark e Matteo.

— Vicky estava lá na cozinha, Bob – contou Jack, antes que os outros pudessem abrir a boca. – Só a vi na hora em que deixei Lisa e você sozinhos na sala. Ela disse que estava ali porque...

— Eu estava a fim de você, Bob... – declarou a garota, timidamente. – ESTAVA, porque depois de ouvir sua declaração para Lisa, entendi que... Bem, eu fui à cabana para tentar impedir, de alguma forma, que seu encontro com Lisa desse certo. Mas eu não matei ninguém!

— Ela me pediu segredo – continuou Jack. – Por isso, eu fiquei tão nervoso. Era a segunda vez que alguém me pedia para esconder a verdade. Eu não gosto disso, valorizo tanto a sinceridade, a verdade!

— A verdade é que Vicky não fez nada, tenho certeza – atalhou o detetive. – E tratou de ir embora assim que você, Bob, saiu procurando por Lisa no jardim. Deve ter ficado muito triste com sua declaração de amor. Enfim, temos ainda Mark e Matteo. Os dois estavam lá fora, sondando, espionando, mas não estavam juntos, um não sabia da presença do outro. – E voltando-se para Matteo:

— Ainda não consegui entender o que você foi fazer lá. No entanto, tenho minhas suspeitas. Você estava ali por causa de Bob, disso não tenho dúvida. Penso que Lisa nunca significou nada para você, mas Bob...

— Vamos acabar com essa história!!! – esbravejou Mark von Hell.

Ninguém entendeu a explosão do cara. Notei uma expressão de alívio no rosto de Matteo, mas isso logo se desfez, ele estava pálido, branco, quase incolor. Vermelho estava Mark, que começou a andar como um doido pela sala, dando socos na própria cabeça.

— Fui eu, fui eu! – berrou quase chorando. – FUI EU QUE NÃO MATEI LISA SKY. Eu não matei, eu nunca quis matar! Foi um acidente, foi só um acidente!

O detetive sorriu:

— Finalmente! Mark, conte tudo, por favor. Ninguém está acusando você. Aliás, ninguém aqui sofreu acusação alguma. Nem você, Sr. Kurt. Só queremos a verdade, somente a verdade, nada mais que a verdade, Mark.

Matteo More deu um passo à frente:

— Isso agora eu posso contar porque... EU VI TUDO! – Parou um instante, encarou todo mundo, um por um, até pousar seu olhar sobre mim. – Bob, o Mark estava muito esquisito, foi se aproximando da Lisa como um lobo acuando sua presa. Tentou agarrá-la, disse que queria só mais um beijo, usou até o luar como argumento. Ela foi se afastando, pedindo que a deixasse em paz. Ele insistiu, e ela se esquivava na direção da ribanceira... Uma voz começou a gritar no meu ouvido: "Detenha-o, Matteo, detenha-o, Matteo!" Sei que o Mark não seria capaz de machucá-la, mas algo me dizia que Lisa corria perigo. Saí então de meu esconderijo, agarrei o maluco por trás, ele estava segurando os dois braços de Lisa...

— Eu soltei Lisa para me defender desse intruso! – rosnou Mark, transtornado, o rosto ainda mais vermelho, a boca espumando, os olhos marejando. – Eu soltei, eu soltei... e a Lisa caiu, sem dizer uma palavra, branca de susto, talvez... Caiu! Caiu! Como uma folha de papel.

Surpreendentemente, não senti raiva, mas pena do meu colega: coitado do Mark, ele não sabe que amor não se conquista à força – embora seja preciso ser muito forte para suportar as derrotas.

— Eu, eu queria salvá-la, só isso – gaguejou Matteo, agora sem coragem de olhar para ninguém. – Mas entendi que ainda podia fazer algo. Larguei o Mark, que fugiu como um cachorro medroso. Vi o corpo de Lisa lá embaixo e desci pelo barranco, segurando em galhos, pedras e arbustos. Na hora, nem pensei em pedir ajuda, só queria consertar a besteira que tinha feito ou provocado, sei lá. Quando cheguei perto de Lisa, vi que ainda respirava e senti sua pulsação. Peguei ela no colo, corri para a estrada, pedi socorro, nenhum carro parou. Lembrei do meu celular, liguei para a emergência, veio uma ambulância.

— MAS, ENTÃO, CADÊ A LISA?! – berrei como um doido, era minha vez de ficar transtornado.

Notei que o detetive olhou para Lucy Sky, como se

lhe passasse a bola dizendo "a minha parte eu já fiz".

— É também por isso que estou aqui, meu filho – declarou a mãe de Lisa. – Ela precisa de você, Bob. Ela precisa muito de você.

— Ela... Ela vai morrer?

Olhei para os outros, um profundo silêncio tomou conta do ambiente. Sarah, Melyssa e Betty começaram a chorar. Só mesmo Mike Fish seria capaz de dizer:

— Não, ainda não. O problema é que ela bateu a cabeça e não se lembra de nada. Nem do próprio nome!

CAPÍTULO 22

Para sempre

No caminho para o hospital, Lucy Sky ligou o rádio de seu carro. Tocava uma música da cantora inglesa Katie Melua, *The closest thing to crazy.*

— Lisa adora essa música – declarou, antes de começar a me explicar tudo o que acontecera.

Por sorte ou por milagre, Lisa sofrera apenas alguns arranhões e quebrara o braço direito. O problema mais grave era realmente a perda de memória. Os exames feitos naquela manhã ainda não eram conclusivos, mas a expectativa dos médicos era de que se tratava de uma amnésia temporária. Porém ninguém podia precisar quanto tempo isso duraria.

— Não se culpe pelo que aconteceu, Bob – acrescentou Lucy com tanto carinho que me lembrei de Kate Dreams na hora! – Você não poderia prever que a romântica surpresa na cabana acabasse assim. Aliás, se Lisa tivesse reagido de outra maneira, nada disso teria acontecido.

Eu me senti à vontade para confessar o que mais me pesava na consciência:

— Dona Lucy, eu, eu senti tanta raiva da Lisa naquela hora. É isso que me dói: toda vez que eu sinto raiva, coisas ruins acontecem; aquilo que eu mais desejo torna-se realidade.

— O nome disso é culpa, Bob. Fique tranquilo, você não fez nada. O amor que cultivamos sufoca o ódio que brota sem nosso consentimento. Não duvido desse seu... poder, mas você jamais o utilizaria contra minha filha.

Como eu precisava desse diagnóstico!

Eram mais de três horas da tarde quando chegamos ao hospital – e não encontramos Lisa em seu quarto! Antes que ficássemos desesperados, uma enfermeira veio informar:

— Ela pediu para passear no jardim. O médico disse que ela estava bem e que isso poderia ajudá-la a lembrar alguma coisa. Vocês podem conversar um pouquinho com ela, é claro.

No corredor, perguntei para a mãe de Lisa:

— Lá em casa, você disse que sua filha precisa de mim. Acho que ela vai precisar de todos os seus amigos, de todos nós. Mas você falou de um jeito que eu pensei...

Lucy segurou meu braço e olhou bem no fundo de meus olhos:

— Minha filha te ama muito, Bob Kurt. E ama tanto que nem sei dizer!

Deu vontade de pedir a ela para repetir, mas me contive. Aliás, como a vida é complicada: de repente, ali mesmo naquele frio corredor de hospital, eu me senti o cara mais feliz do mundo! Mesmo prestes a encontrar aquela, que era a explicação de tamanha felicidade, com sérios problemas de saúde. Quis comemorar – e não pude.

Chegando ao jardim, Lucy preferiu ficar a distância e pediu que eu fosse até Lisa. A razão de minha existência estava perto de uma fonte, no meio do jardim e, de costas para mim, não pôde, obviamente, ver quando me aproximei. Então, chamei:

— Lisa!

Ela voltou-se na mesma hora! Será que lembrara seu nome? Que tolice a minha: certamente alguém já lhe dissera que seu nome era Lisa Sky. Lisa Sky!

Aí me ocorreu outra tolice: por um instante, achei que ela iria me desprezar como de costume. Será que ela seria capaz de se lembrar justamente disso? Não, o mundo, às vezes, é cruel, mas não haveria de ser agora!

— Tudo bem?

A pergunta foi dela. Eu fiquei mudo, não sabia o que dizer, só sabia o que sentir: a felicidade de estar diante da garota que me amava tanto, mas tanto que sua mãe nem sabia explicar! E por quem eu seria capaz de dar a minha vida!

— Tudo ótimo. Eu sou Bob, Bob Kurt, e gosto muito de você.

— Consigo ver isso em seus olhos e na sua cara de espantado – ela disse, estendendo-me a mão esquerda. – Estudamos no mesmo colégio?

— Na mesma sala, desde o ano passado. Mas tenho a impressão de que a gente se conhece há muito tempo.

— Eu também.

— Sério?

— No meu caso, é realmente muito sério. Tudo faz muito tempo, eu é que não me lembro de nada.

E ela sorriu. Havia uma tristeza no ar, mas seus olhos brilhavam tanto! Era como se, de repente, a qualquer momento, a felicidade pudesse brotar daqueles canteiros, no meio daquelas flores lindas, e encher de luz toda a cidade!

Eu sorri também e, ao esbarrar a mão no bolso de minha calça, toquei no bombom que ganhara do detetive. Estava ali, talvez um pouco derretido, mas inteirinho, guardado!

— Olha, trouxe pra você: Sonho de Valsa, é uma delícia!

Ela agradeceu o presente. Sabe como? Lisa me deu um beijo! No rosto. Mas o importante é que ela me deu um beijo! Lisa Sky beijou Bob Kurt! Sabe o que isso significa? Não é simplesmente um beijo. Quem ama ou quem já amou de verdade sabe do que eu estou falando. Lisa Sky me deu um beijo!

— Estão chamando você, Bob.

De fato, Lucy e a enfermeira acenavam para mim. Tinha acabado a hora de minha visita.

— Você vem amanhã?

Todos os dias, todos os dias, meu amor, até a eternidade!

— Claro que sim!

E agora? Quem iria dizer tchau primeiro? Eu não queria, ela também não.

— Você me lembra uma música...

Era o dia de Lisa Sky me surpreender!

— O que você disse, Lisa?

— Uma música. Acho que é assim:

Quando aconteceu? Não sei. Quando foi que eu deixei de te amar? Quando a luz, o poste não acendeu, quando a sorte não mais pôde ganhar...

— Não. De longe me disse um não. Mas quem vai dizer tchau?

— Nando Reis! Acertei?

— No alvo!

— Bob Kurt, vamos! – gritou Lucy Sky.

Senti uma vontade de xingar! Só para desabafar, sem raiva, sem ódio. E eu, que queria tanto ficar com a filha, fui embora com a mãe.

Mas fui com a música na cabeça, um beijo no rosto e Lisa Sky para sempre, para sempre no meu coração!

CAPÍTULO 23

Um é espelho do outro

Eu sabia que Eddie Good estava aprontando alguma. Lembra da segunda passada, quando a gente foi à favela investigar o paradeiro do Lorde das Trevas, o boneco velho do Eddie? Foi quando conhecemos os irmãos Bill e Hillary, duas crianças que se divertiam à beça com os brinquedos doados pelo colégio. Ou melhor, foi quando não os conhecemos, porque nem chegamos a falar com eles.

O que eu não sabia é que Eddie Good voltou lá no dia seguinte, apresentou-se para a mãe das crianças e combinou com Bill que produziriam um curta, inspirado nas histórias que o garoto inventava na hora de brincar. Matteo More tinha contado que Bill adorava fazer filminhos com os bonecos e que queria produzir uma versão do filme *À espera de um milagre*, de Frank Darabont.

— A ideia é escalar o elenco entre as crianças da própria comunidade – explicou Eddie, empolgado. – O papel principal, do presidiário que tinha poder de curar pessoas, fica com Bill. E o policial, amigo do preso, pode ser vivido pela irmãzinha dele, numa interpretação bem mais delicada, é claro. Você topa nos ajudar? Mike e Tom já fecharam comigo. Matteo ficou de me dar uma resposta. E o Mark, pasme, disse que quer participar também!

Estávamos em casa, eu tinha acabado de chegar do hospital, queria contar tudo o que aconteceu para Eddie, mas ele não parava de falar:

— Fazemos o curta, levamos alegria para aquelas crianças, programamos uma exibição especial aqui no colégio, vendemos ingressos, destinamos toda a renda para projetos sociais lá da favela, entendeu?

Senti tanto orgulho do meu amigo, que foi impossível recusar seu pedido. Mas ele nem queria saber se Lisa estava bem?

— Lisa vai ficar bem, Bob. Temos de acreditar nisso, esperar por isso. E, pela sua cara de alegria, *Sr. Kurt*, acho que ela terá alta em breve!

— Tomara, Eddie, tomara!

Repleto de paz, abracei meu amigo, convidei-o para darmos uma volta no clube. Peguei Bob Foots, Eddie já estava com sua câmera, fomos caminhando pelas ruas desertas. A cidade ficava tão vazia aos domingos.

— Você vai ver, Eddie, um dia minha mãe vai voltar – fui dizendo, todo feliz. – Kate Dreams vai quase sufocar de saudade e voltará para abraçar seu filho. Eu já sou um homem, ela vai ficar tão orgulhosa!

— Tomara, Bob, tomara!

— Um dia, o pai de Lisa deixará a prisão, depois de cumprir sua pena, é claro, e sairá de lá um homem novo, disposto a recomeçar sua vida ao lado de Lucy e perto de sua filha tão linda!

— É isso aí, Bob.

— Eu e Lisa vamos nos casar, teremos uma cabana bem legal no alto da montanha, que nem a do Jack. A gente vai fazer voo livre, a gente vai aprender a voar. E eu serei o cara mais feliz e mais sossegado do mundo! O amor é o caminho, a solução. Só ele pode mudar tudo: a gente e o mundo!

— Perfeito!

A perfeição começa é agora, bem no final!

Sabe o que aconteceu? Lucy Sky me contou tudo no dia seguinte: naquela mesma noite, lá no hospital, quando já se preparava para dormir, Lisa pegou meu bombom predileto e ficou olhando para ele por um tempo. De repente, começou a ouvir uma voz, a voz de um garoto, um garoto apaixonado que mais parecia um homem apaixonado:

"Tenho, tenho... pesquisado sobre o amor. Sei que muitas histórias terminam em portas fechadas na cara. Vejo o que aconteceu com o meu pai... Só que, pra mim, elas não terminam. Portas fechadas são cortes que machucam, fazem o amor tropeçar, cair, chorar, recuar. Mas ele perdura, insiste mesmo ferido, porque, como a gente vê nos filmes, o amor é eterno!"

As palavras tinham ficado gravadas em algum canto da sua memória, tanto que chegou a repeti-las para sua mãe... Minhas palavras serviram como ponte para as lembranças que vieram finalmente, uma atrás da outra!

— Bob Kurt! Bob Kurt! – ela ficou dizendo, feliz da vida. – Eu já sei quem é Lisa Sky! Eu já sei, Bob, quem é Lisa Sky!

Pensando bem, isso é mais que perfeito!

Epílogo

— O Sol e a Lua já foram aproximados – disse uma voz que eu conhecia de algum lugar distante e que, ao mesmo tempo, parecia de tão perto.

— Agora é só cuidar para que ninguém os separe – atalhou outra voz, de algum modo também familiar.

— Acontece que forças abissais sempre conspiram contra os planos elevados. – Essa voz eu jamais tinha ouvido. – Vocês viram o que aconteceu com a Lua.

Foi quando reinou o silêncio, e, por um instante, o cenário abriu-se diante de meus olhos antes mergulhados em trevas: havia uma fogueira num descampado no meio da floresta, eu estava escondido atrás de uma árvore, e, bem perto das chamas, havia três silhuetas femininas, que usavam uma espécie de capa comprida.

— Teremos de redobrar nossa vigilância – declarou a primeira voz após um longo suspiro. – O perigo ronda o *Moon River* dia e noite, noite e dia. Mas eu tenho certeza de que nossos Escolhidos cumprirão sua missão com êxito!

— Temo por eles, que não sabem de nada.

— Fique tranquila. Não saber, neste caso, será fundamental. O segredo vai protegê-los, como um escudo.

Embora não estivesse entendendo nada, senti menos vontade de saber quem eram aquelas figuras do que descobrir a identidade dos Escolhidos! Decidi perguntar, não tinha nada a perder, e não estava fazendo nada de errado, a não ser espionar uma reunião de mulheres sinistras!

— Fique quieto, Bob! – gritei de repente, levando em seguida a mão à boca, arrependido. Era tarde: elas ouviram meu desabafo involuntário e se voltaram para mim. Então pude ver o rosto delas: uma eu não conhecia mesmo, outra era Lucy Sky e aquela da voz do lugar distante e próximo era... Kate Dreams, minha mãe!

— Bob, o que você está fazendo aqui?!

Do nada, um clarão. Eu estava deitado na grama do jardim de casa, e Lisa Sky sorria, agachada perto de mim.

— Lisa, você...

— Você veio estudar e dormiu em cima dos livros, Bob! É assim que pretende se formar?

A fogueira, a floresta, as três mulheres, era tudo um sonho! Que parecia muito real, mas acabou, sumiu!

Lisa Sky pertinho de mim: eis a realidade com que sempre sonhei! Quer saber de uma coisa? Vou abraçá--la antes que volte a ser sonho e desapareça também!

E que ninguém invente de me separar de Lisa! Este Bob aqui pode ficar muito, muito Kurt!

FIM

SOBRE A OBRA

Compartilhar nossa humanidade

QUEM SOMOS? (Ah, esse espelho que bem podia ser mais claro!) Fã de Renato Russo, Drummond, Adélia, Cecília, Clarice, Quintana, Nando, Verissimo, Caetano, Bethânia e Tarantino, eu decidi começar assim, citando esses artistas incríveis, porque é interessante como as pessoas que admiramos vêm antes da gente, precedendo o que quer que... sejamos. E, ao dizer que admiro pessoas de tanto talento, tenho a impressão de que transmito a ideia, ou uma esperança de que... eu também tenha algum, ou chegue perto disso (risos)! Afinal, seres relacionais que somos, a convivência contribui muito para nossa existência e nossa **IDENTIDADE**!

LIVROS! (Opa!) Por falar em existência, que felicidade saber que existem livros! E que o Bob está entre eles e diante de SEUS olhos! Os pais costumam dizer, com uma pontinha de tristeza, que criam filhos para o mundo, oh! Pois bem, livros também são criados para isso, e mais: unindo frases, conceitos, enredos e versos, para "lançar mundos no mundo", como explicou Caetano Veloso em uma de suas canções. Eu só queria escrever uma história legal sobre uma galera legal numa escola legal fazendo o que há de mais legal: vivendo! Vivendo tudo o que o tempo nos oferece com as DUAS mãos: se ele escapa entre nossos dedos, é porque tem mais coisas para a gente viver, ele não para de nos surpreender (se rimou sem querer, foi só porque tudo é tão poético, a gente só precisa perceber)!

PROTAGONISTAS! (Semideuses?!) Professor de Redação há doze anos, logo no começo de minha carreira (aliás, acho que a gente está sempre começando), tive vontade de escrever uma história para meus alunos, ou seja, para quem tem a beleza e a força de encarar o mundo "como se fosse o sol desvirginando a madrugada" (ah, Gonzaguinha!) - isso é tão bonito e sagrado! Daí, pensei: eles é que devem ser os protagonistas, afinal, quase todo adulto é meio espectador da vida, sabe, enquanto a galera mais nova faz o filme, escreve o livro, grafita a parede, recria tudo!

PENTEH! (Olha essa resenha!) Daí nasceu um romance juvenil. Romance? Sim, tem amor, tem ciúme, tem paixão, tem medo... Ops, calma: eu me refiro agora ao gênero romance: "Bob Kurt" é um romance, como "O meu pé de laranja lima", "O mistério do cinco estrelas", "Spharion", "A droga da obediência", "O apanhador no campo de centeio", O hobbit", "Harry Potter" (toda a saga!), livros que eu ADORO! Todos os ingredientes de um romance estão ali, o chamado PENTE, ao qual sempre adiciono um "H": PENTEH! Como assim? Personagens, Espaço, Narrador, Tempo, Enredo e... História!

TRAMANDO... (Parece coisa de vilão, eh, eh!) De todos esses elementos, imprescindíveis para qualquer narrativa, quero destacar o ENREDO, que é a forma escolhida pelo autor para enredar o leitor, ou seja, a maneira de ordenar os fatos que compõem a história de modo a fazer o leitor não desistir dela, pelo contrário, que ele não desgrude do livro, desejando sempre ler a página seguinte, o capítulo seguinte, a história toda!!! Para isso, resolvi trazer à narrativa uma pegada policial: há um depoimento porque há uma investigação em curso e um mistério permanente: afinal, o que fizeram com Lisa Sky? Quem fez? Como alguém pôde ser capaz de fazer alguma coisa para a garota mais linda (segundo Bob) do colégio Moon River? A vida é um emaranhado de perguntas (muitas delas sem resposta), e viver é enredar-se nessa trama de suspense, sustos, beleza e emoção!

ESTILOSO! (Nada como um tapinha no visual!) Ah, sim, ter uma boa história para contar é essencial, MAS NÃO É TUDO! Para a história saltar da cabeça para o papel, e nele crescer como um ipê formoso na Serra da Mantiqueira ou o edifício mais esplendoroso de Dubai, tem que ter estilo, afinal, "literatura é linguagem carregada de significado", como escreveu o poeta e crítico americano Ezra Pound. O que estou querendo dizer? Primeiro: é preciso CLAREZA para que o leitor veja o que seus olhos viram – e possa imaginar à vontade, isso é formidável! Segundo, é preciso dominar o código (oi?), o idioma, a LÍNGUA, para que o leitor entenda o que você entendeu – e possa descobrir outros sentidos, isso é tão saudável! Terceiro: é preciso ética na causa, um respeito enorme pelo leitor, pois toda forma de arte deve ser uma contribuição para o outro, uma ponte empática, uma aproximação – suave ou severa, mas sempre uma aproximação. A boa literatura faz isto: conecta o particular ao coletivo, o quintal fechado à praça aberta, ampliando horizontes, mundos e afetos! Por isso, todo cuidado é pouco com essa pena, escritor! E vale muito a pena, rapaz!

BANDA LARGA! Lindo é conectar-se com o outro, trocar uma ideia, compartilhar imagens, sensações, dúvidas e descobertas! E como é legal um papo que flui, uma conversa que agrada, a gente nem vê a hora passar – ou vê e vai passando por elas, ficando ali, sem ligar, como se o tempo é que tivesse parado! Escrever é, para começo de conversa, olhar o mundo (as pessoas, as coisas, os fatos...), filtrar com a razão e a emoção o que se vê e transformar o que se obteve em PALAVRAS! Atentos aos discursos do mundo (a fala dos outros, minha própria voz, os silêncios e o gritos), ampliamos nossa visão acerca de muitos assuntos e temas: nossa voz ganha corpo e se impõe (ou não) onde quer que estejamos. "Bob Kurt" discute problemas como intolerância, bullying, desigualdade social, mas também faz pensar sobre tanta coisa boa: a amizade, o primeiro amor, a sabedoria dos mais velhos (espectadores ou eternamente protagonistas), a poesia, a música, o esporte, a própria literatura...

VITAL! Digo sempre que a gente aprende com os MESTRES! Para a nossa sorte eles EXISTEM. Perto da gente (dentro de casa, da escola...) ou a certa distância (nos livros, nos filmes, nos laboratórios, em toda parte)! Sempre procuro escutar a voz dos mestres dos livros: isso me faz bem, e o que me faz bem acaba beneficiando, de um modo ou de outro, as outras pessoas. Mergulhei nessa reflexão após finalizar o parágrafo anterior com a palavra LITERATURA: queria dizer que, como toda forma de arte, ela não é só entretenimento, mas algo necessário, vital: sem arte, a vida fica incompleta, porque incompreendida ou não vivida plenamente. Para tentar mostrar que tenho razão, peço a ajuda de um mestre, o autor austríaco Ernst Fischer, que escreveu um livro inteiro – " A necessidade da arte" - para provar que... Você já entendeu! Quero destacar uma de suas ideias: em determinado trecho, ele diz que "para conseguir ser um artista, é necessário dominar, controlar e transformar a experiência em memória, a memória em expressão, a matéria em forma". E isso não é fácil para o artista, claro que não, mas é o que o constitui e faz surgir sua obra.

ESSES MESTRES! Não por acaso (mas de maneira bem natural), alguns desses grandes artistas aparecem nas páginas de "Bob Kurt". Do nada, a gente se depara com Cecília Meireles, Mario Quintana, Carlos Drummond de Andrade, Fernando Pessoa... O Bob adora ler, alguns de seus amigos também. A vida é feita de escolhas, e a gente vai descobrindo, aos poucos, o que realmente tem a ver com a gente. Costumo dizer que livro é sempre um grande amigo: quem não tem (o hábito de ler) não sabe o que está perdendo! Ou sabe, mas ainda não encontrou uma identificação, sabe, com um livro... Isso pode acontecer, na boa, mas é importante reconhecer que sem livros a viagem é outra (talvez mais dificultosa, talvez mais livre, ou bem diferente de tudo isso, vai saber)... Enfim, escolhas. Um fato: mestres sempre ensinam porque, antes, aprenderam (errando ou acertando) – ouvir quem aprendeu nos ajuda a caminhar melhor. Por falar em ouvir, tem até um festival de música na história! Ah, alguém consegue imaginar uma vida sem música? Ok, não há limites para a imaginação (risos). Mas a música vai além – e nos leva com ela!!! A gente tira os pés do chão, pulando como pipoca ou flutuando mesmo em outras dimensões. Coisa boa viajar no tempo e no espaço!

EMOCIONANTE! Convivendo há anos com alunos e quase que diariamente, fico aqui pensando, com ternura, naqueles que inspiraram os personagens de "Bob Kurt". Hoje, estão mais crescidos, não os vejo mais, porém... eu os reencontro no olhar de cada leitor, ou seja, NO SEU OLHAR! Sim! Não é blá-blá-blá infundado nem falso carinho: uma professora da faculdade dizia que "a natureza humana é uma só", portanto, o ser humano vive se reproduzindo (isso ficou bem curioso), ecoando aqui, ali e acolá no sem-fim do tempo! Que coisa maravilhosa promovida pela leitura: encontrarmo-nos como velhos conhecidos, ainda que jovens na convivência de um e de outro, estrangeiros, distantes no tempo e no espaço – mas irmanados pelas palavras e pelo desejo, mútuo, de nos conhecermos. É o que vejo em seu olhar, é o que você deve estar vendo no meu. E minha voz, silenciosa neste papel como deve estar a sua enquanto me lê, fala o que talvez não devêssemos calar: compartilhar nossa humanidade é uma aventura emocionante! Bob diria que isso é "mais que perfeito"! Uau!

Inspiração

Bob Kurt surgiu da paixão pela música. Uma paixão eclética, pois envolve vários estilos musicais. Do rock à MPB.

É natural, portanto, que antes, durante ou depois de ler Bob Kurt, o leitor se depare diante da inevitável questão: quais são as minhas referências musicais?

Qual é o som que eu mais curto?

- **meus músicos preferidos;**
- **o instrumento que mais curto;**
- **a voz que fala mais fundo na minha alma;**
- **as minhas bandas prediletas;**
- **as minhas músicas preferidas;**
- **os refrões de música que mais me marcam (ou marcaram).**

Ouvir junto, cantar junto, falar, escrever, compartilhar um pouco da minha música com os outros... afinal, quem canta seus males espanta!

★★★★★

Ricardo Estevão, o autor de Bob Kurt, ama literatura. A decisão de criar uma narrativa sobre jovens e para jovens com referências da literatura foi uma decorrência natural do seu jeito de ser.

Muita gente acha que a literatura – os grandes autores nacionais e mundiais – é coisa de escola. Mas não é bem assim.

Você já leu algo de que gostou muito?
Era literatura? Ou era outra coisa?

O bom da literatura é que ela não se esgota, mas abre infinitas portas que nos transportam para outros mundos. Toda essa leitura nos permite estar sempre melhorando como leitores.

Você tem um estilo de texto preferido?
Qual é a sua, leitor?

- **meus autores preferidos;**
- **o livro que mais curto;**
- **o texto que falou mais fundo na minha alma;**
- **as minhas revistas / blogs / sites / redes sociais;**
- **o livro que virou filme que mais me marcou;**
- **frases escritas que me traduzem.**

Ler sozinho, ler junto, falar sobre o que lê (ou o que não lê, ou não gosta de ler), compartilhar a minha leitura com os outros... Não tem jeito, depois da internet todo mundo lê o tempo todo sem parar... e também escreve! pode notar.

★★★★★

Bob Kurt fala de amizade e de amor, do primeiro amor.

Você quer falar sobre isso?

Bob Kurt fala sobre emoção, explosão, sentimentos fortes que parecem nos controlar.

Que tal falar sobre isso?

Bob Kurt fala sobre desigualdade, solidão, abandono, ser deixado de lado, não ter espaço, não ter lugar.

Você precisa falar sobre isso;

Pode ser você, mas podem ser os outros.

Daí é bullying.

Cada um de nós é um universo...

Raul Seixas

Referências poético-musicais

CAPÍTULO 1

JAGGER, Mick; RICHARDS, Keith. I'm free. In: **Lovegod – The Soup Dragons**. Livington Studios, 1990.

VILLA-LOBOS, Dado; RUSSO, Renato; BONFÁ, Marcelo. Baader--Meinhof blues. In: **Legião Urbana**. Emi-Odeon F.I.E. Ltda, 1984.

CAPÍTULO 2

MORISSETTE, Alanis. Offer. In: **Feast on Scraps – Alanis Morissette**. MCA Music (Universal Pub.), 2002.

CAPÍTULO 3

REIS, Nando. Quem vai dizer tchau?. In: **Para Quando o Arco-íris Encontrar o Pote de Ouro**. Warner Music Brasil Ltda, 2000.

CAPÍTULO 4

WINEHOUSE, Amy. You know that I'm no good. In: **Back to Black**. Universal Island Records Ltda, 2007.

MANCINI, Henri; MERCER, Johnny. Moon River. In: **My Way – The Best of Frank Sinatra**. Warner Music Brasil Ltda, 1997.

CAPÍTULO 8

VIANNA, Herbert; RIBEIRO, Bi; BARONE, João. A novidade. In: **Gilberto Gil Unplugged**. Warner Music Brasil Ltda, 1994.

CAPÍTULO 10

JOHNSON, Jack. Angel. In: **Sleep Through the Static – Jack Johnson**. Brushfire Records e Universal Records, 2008.

CAPÍTULO 11

DJAVAN. Faltando um pedaço. In: **Djavan ao vivo –** volume 2. Sony Music Manaus Ind. e Com. Ltda, 1999.

CAPÍTULO 12

QUINTANA, Mario. Emergência. In: **80 anos de poesia: Mario Quintana**. São Paulo: Globo, 2008.

LEE, Amy; MOODY, Ben; HODGES, David. Bring me to life. In: **Fallen – Evanescence**. Wind-up Records, 2003.

BUARQUE, Chico. Querido diário. In: **Chico**. Sarapuí Produções Artísticas Ltda –Biscoito Fino, 2011.

DI CAMARGO, Zezé; FERNANDES, Paula. Pra você. In: **Paula Fernandes ao Vivo**. Universal Music International Ltda, 2010.

RUSSO, Renato. Tempo perdido. In: **Legião Urbana – Dois**. Emi-Odeon F.I.E. Ltda, 1986.

CAPÍTULO 13

GESSINGER, Humberto. Alívio imediato. In: **Alívio Imediato – Engenheiros do Hawaii**. BMG Brasil Ltda, 1989.

PESSOA, Fernando. Mar português. In: **Poesias: Fernando Antonio Nogueira Pessoa**. Porto Alegre: L&PM Editores, 1996.

QUINTANA, Mario. Se o poeta falar num gato. In: **Antologia Poética: Mario Quintana**. Porto Alegre: L&PM Editores, 1997.

CAPÍTULO 14

ANDRADE, Carlos Drummond de. Quero. In: **A palavra mágica**. Rio de Janeiro: Record, 2008.

CAPÍTULO 17

CAMÕES, Luís Vaz de. **Rimas**. Coimbra: Atlântida, 1973.

RAMI, Yacoub; FALK, Carl; KOTECHA, Savan. What makes you beautiful. In: **Up All Night - One Direction**. BMG/EMI April Music Inc/ Sony Music, 2011.

CAPÍTULO 19

MEIRELES, Cecília. Aceitação. In: **Cecília de Bolso: Cecília Meireles**. Porto Alegre: L&PM Editores, 2009.

CAPÍTULO 22

BATT, Mike. The closest thing to crazy. In: **Call Off the Search – Katie Melua**. Dramatico Entertainment Ltda, 2003.

COMPARTILHAR NOSSA HUMANIDADE

FISCHER, Ernst. **A necessidade da arte**. Rio de Janeiro: Zahar Editores, 1971.

JR. Gonzaga. Não dá mais pra segurar (Explode coração). In: **Gonzaguinha – Cavaleiro solitário (Ao vivo)**. Série Gala / Som Livre / SIGLA – Sistema Globo de Gravações Audiovisuais Ltda, 2000.

POUND, Ezra. **ABC da literatura**. São Paulo: Editora Cultrix, 1973.

VELOSO, Caetano. Livros. In: **Livro**. Polygram / Universal Music Ltda., 1997.

INSPIRAÇÃO

SEIXAS, Raul. Meu amigo Pedro. In: **Há dez mil anos atrás**. Philips Records / Universal Music Ltda., 1994.

Sobre o autor

Ricardo Estevão nasceu num dia 27 de março, assim como o roqueiro Renato Russo e o cineasta Quentin Tarantino, artistas que ele admira muito. Apaixonado por livros desde pequeno, sempre adorou escrever textos na escola - e também nas férias! Por amar as palavras e atrapalhar-se com os números, optou por fazer Jornalismo, profissão que exerce só em ocasiões especiais. Com cinco romances publicados, Ricardo atualmente ministra aulas de Redação a alunos de Ensino Fundamental II, trabalho que inspirou Bob Kurt, seu primeiro romance juvenil. Para o autor, "escrever é olhar o mundo (as pessoas, as coisas, os fatos), filtrar com a razão e a emoção tudo o que se vê e transformar o que se obteve em palavras". Bob Kurt é fruto de seu olhar sobre o divertido e emocionante universo de um grupo de estudantes e os desafios e descobertas dessa fase tão especial da nossa vida!

★★★★★